Auguste **PAWLOW**

Rédacteur au *Journal des Déb...*

La
Marine Marchande

ET

L'Inscription Maritime

PARIS

Augustin CHALLAMEL, Éditeur

17, RUE JACOB

Librairie Maritime et Coloniale

1910

LA MARINE MARCHANDE

ET

L'INSCRIPTION MARITIME

Auguste PAWLOWSKI

Rédacteur au *Journal des Débats*.

LA

MARINE MARCHANDE

ET

L'INSCRIPTION MARITIME

PARIS

Augustin CHALLAMEL, Éditeur

17, RUE JACOB

Librairie Maritime et Coloniale

1910

A

M. ÉTIENNE DE NALÈCHE

Directeur du « Journal des Débats »

qui conçut l'idée de cette enquête et en assura la réalisation,

l'auteur dédie respectueusement ce livre.

LA MARINE MARCHANDE

ET

L'INSCRIPTION MARITIME

I

La crise de l'armement, causes mondiales
et naturelles.

Parmi les industries françaises — et elles sont nombreuses — qui traversent, à notre époque, des heures douloureuses, il n'en est peut-être pas dont le sort soit plus misérable et digne d'intérêt que l'armement. Le grand public semble l'ignorer tout à fait. Sait-il même ce qu'est l'armement, et quels éléments le constituent, alors qu'un haut fonctionnaire d'un ministère dûment qualifié pour suivre son évolution traduisait naguère sa propre ignorance en disant à un notoire armateur : « Vous appelez *armement* l'industrie des transports mari-

1

times, moi je croyais que cela s'appelait l'*arma-ture*. » Ceci n'est point une galéjade, bien que le mot ait été prononcé à Marseille, et témoigne, malheureusement, de l'indifférence des foules, même instruites, à la cause de la grande navigation. L'armement, d'ailleurs, c'est autre chose encore : c'est la grande pêche vers l'Islande et Terre-Neuve ; c'est aussi l'industrie nouvelle du chalutage à vapeur.

L'armement fait vivre, directement ou indirecte-ment, plusieurs centaines de milliers de citoyens. L'armement souffre, gémit, entrevoit sa ruine défi-nitive, si l'on n'y met bon ordre ; et l'examen de sa situation, de plus en plus précaire, méritait l'en-quête approfondie à laquelle je me suis livré de la Méditerranée à la Manche, de l'Atlantique à la mer du Nord. Une grande bourrasque sévit sans répit sur nos rivages, menaçant d'engloutir espérances et richesses. Non, ce n'est pas une mensongère clameur que ce cri jeté devant moi par un arma-teur éprouvé, fils d'armateurs : « Avant vingt ans, la France n'aura plus de marine marchande ! » Rien n'est plus vrai, rien n'est plus triste à constater ; peut-être est-il encore temps de le signaler. De

nombreuses raisons expliquent cette tragédie nationale; nous allons essayer de les dégager.

*
* *

Il est, tout d'abord, des causes générales sur
lesquelles nous nous dispenserons d'insister, mais
que nous ne saurions, toutefois, passer sous silence,
des causes mondiales, pourrait-on dire, par exemple l'augmentation indéfinie du tonnage des marines
de commerce, puis la lutte pour la vitesse, qui a
conduit l'Angleterre à une orgie de dépenses; enfin
la frénésie avec laquelle les Compagnies modernes
construisent des bâtiments toujours plus vastes,
plus luxueux, plus coûteux, afin d'attirer vers elles
une clientèle toujours plus difficile à satisfaire. Il
en résulte un malaise universel. Qu'on ne nous
accuse point d'exagérer à plaisir. Les puissantes
Compagnies germaniques, la Norddeutscher-Lloyd
et la Hamburg-Amerika-Linie, qui comptent parmi
les plus prospères, par la bouche de leurs dirigeants accusent une période de dépression péril-
leuse.

Mais les armateurs français ont bien d'autres sujets de préoccupations; ils sont, vis-à-vis de leurs concurrents étrangers, dans un état d'infériorité manifeste. Ils le doivent à la position géographique de notre pays, à la nature du fret français, à la cherté des constructions.

Le fait, pour notre pays, d'être placé à l'avant-garde de l'Europe, face au Nouveau-Continent, fut longtemps considéré comme un avantage appréciable. Il en va tout différemment aujourd'hui. Nos navires à destination des terres américaines ne rencontrent sur leur route aucun port, aucune contrée où ils puissent espérer compléter leur chargement en voyageurs et marchandises. Au contraire, les armateurs allemands, hollandais, norvégiens, anglais même, sont favorisés par la nature, et peuvent, au prix d'une escale rapide, drainer au Havre, à Cherbourg, à la Pallice, du fret et des voyageurs. Nos escales dans les ports du Léon espagnol ou du Portugal n'offrent point d'aussi lucratifs avantages. Certes, la Méditerranée pourrait nous être plus favorable, mais le transport des émigrants, seul, y rapporte vraiment de l'argent; or voici que le gouvernement de Rome vient, à la date du 14 mars 1909, d'édicter qu'aucun vapeur ne pourrait désormais embarquer des émigrants péninsulaires s'il a déjà pris à son bord des passagers de troisième classe dans des ports étrangers. C'est là une décision de nature à causer à Marseille, déjà si éprouvée, un préjudice des plus sensibles.

En second lieu, la France est particulièrement mal placée pour jouir d'un fret lucratif de sortie. En matière de navigation, comme en matière de transports ferrés, les marchandises pondéreuses ou d'un volume considérable seules méritent considération, car elles font vivre leur transporteur. L'Angleterre a des houilles à revendre, et des produits métallurgiques; l'Allemagne exporte des métaux ouvrés et bruts et des charbons de Westphalie. Leurs cargo-boats partent avec des chargements complets, et l'industrie ou les mines leur assurent des frets permanents. La France, à l'exception de ses vins, n'offre à l'armement métropolitain que de rares automobiles — il en faut des centaines pour assurer une cargaison, — des tissus, des objets de luxe ou de la pacotille, sans profit parce que sans poids. La valeur n'importe pas au fret. Dans l'obligation où nous sommes d'importer des houilles britanniques. sans pyrites, et donnant beaucoup de calorique, nous introduisons sur notre sol beaucoup plus en poids et moins en valeur que nous n'exportons. On a ainsi vu. d'après les statistiques officielles. monter la valeur moyenne de la tonne exportée à 438 francs, pour la période 1903-1907, alors que la valeur moyenne de la tonne importée se chiffrait à 175 francs.

Cette cause d'infériorité résultant du fret a pour effet — et il convient de le déplorer — de restreindre. dans de notables proportions, le développement de notre pavillon dans les ports mêmes du pays. On estime que nous ne figurons que pour un quart dans les chargements à l'entrée. Les trois autres quarts appartiennent à des pavillons étrangers. Pour la sortie, la proportion est de la moitié. M. Caillaux a reconnu devant le Parlement qu'en 1900. notre pavillon couvrait 9 millions de tonnes. sur un mouvement total de 31 millions de tonnes. La proportion exacte était donc alors de 29 p. 100.

En 1907, la situation était encore plus lamentable. Sur 45 millions de tonnes. nous n'en couvrions plus que 11 millions. soit une proportion de

25 p. 100. La décadence n'est donc pas niable puisqu'en 1891 la proportion atteignait 37 p. 100.

Si nous n'envisageons que le long-cours, nous relevons pour 1907, à l'entrée, 5.966.238 tonneaux de jauge et 5.084.586 tonnes de marchandises pour le pavillon français, sur un total de 25.995.407 tonnes de jauge nette et de 22.900.059 tonnes de marchandises ; à la sortie, 5.416.615 tonnes de jauge sur 19.607.876, et 4.205.173 tonnes de marchandises sur 7.886.650. Il en va tout autrement en Allemagne, où l'élimination des concurrents étrangers s'est faite méthodiquement. Quelques chiffres valent d'être relevés. Je les détache du compte rendu d'un des Congrès de la Fédération des inscrits maritimes. En 1897, les Français figuraient pour 14.000 tonneaux, les Anglais pour 415.000, les Allemands pour 154.000 ; en 1899, nous ne sommes plus représentés qu'avec 13.000 tonneaux, alors que les Allemands ont passé à 389.000. Aujourd'hui, la flotte marchande française a presque disparu des ports teutons. Si nous pénétrons dans un de nos ports coloniaux, nous sommes frappés de ne voir, d'ordinaire, flotter les trois couleurs que sur le stationnaire de la rade. Lors de la catastrophe de

Saint-Pierre de la Martinique, on a remarqué que des navires italiens étaient seuls mouillés devant l'île. De 1860 à 1902, toutes les cargaisons de riz de Cochinchine reçues en Gironde furent livrées par des bâtiments étrangers.

A Marseille, on affirme que sur 20 navires de long-cours rentrés, il y a 10 anglais, 4 allemands, 6 français, alors que, à Liverpool, 90 p. 100 des navires signalés sont britanniques, et qu'un seul porte notre pavillon. Je cite d'autant plus volontiers ces chiffres qu'ils sont recueillis non par un armateur, mais bien par un ancien officier de la marine marchande, dont on ne saurait suspecter l'impartialité.

A Bordeaux, récemment, j'ai pu constater moi-même que les Anglais accaparaient la plus grosse part du trafic. Pour les seuls charbons, ils figurent dans les statistiques avec 700.000 tonneaux. Les Norvégiens, Suédois et Espagnols leur disputent le fret, que nos compatriotes voient leur échapper.

M. J. Charles-Roux a jugé que l'armement français, par le jeu des circonstances, perdait ainsi 350 à 400 millions par an. Ce ne sont d'ailleurs pas seulement les marchandises qui nous sont soustraites par la navigation étrangère, mais aussi les passagers, celle-ci n'ayant à payer, pour l'embarquement des individus, que des droits minimes de un franc par tête.

Cependant, il est encore d'autres facteurs qui justifient les lamentations de l'armement français. Les constructions navales coûtent beaucoup plus cher dans notre pays qu'au-delà des frontières. Ce fait tient : 1° A l'extension prodigieuse, comparée à la nôtre, de l'industrie métallurgique et minière en Angleterre et en Allemagne; 2° A l'accroissement des frais de transport des produits métallurgiques pour la France, dont les chantiers maritimes sont éloignés des centres de production, ou ne jouissent pas sur les voies ferrées, ainsi que les chantiers allemands, de tarifs spéciaux pour les matériaux qu'ils font venir de l'intérieur; 3° A la pénurie des commandes. On a reproché naguère aux Compagnies françaises de chemins de fer d'avoir commandé des locomotives à des usines étrangères. Ce choix leur avait été dicté pourtant par les avantages qui leur étaient concédés par les firmes américaines et allemandes, lesquelles pouvaient travailler à meilleur compte, parce que opérant en grand, d'où une diminution des frais généraux, et la possibilité de se « spécialiser », et de construire économiquement des séries. La spécialisation appliquée à la marine permet de réduire les délais d'exécution, les prix, de constituer un outillage approprié, et de limiter le temps des études préparatoires et des expériences. L'étranger n'a pas, en outre, à lutter contre la mauvaise volonté d'ouvriers, auxquels répugne le travail aux pièces ou à la tâche, selon un mot d'ordre venu de la Confédération Générale du Travail, et il est constant que le rendement de la main-d'œuvre est moindre chez nous qu'en Angleterre. On voit que l'armement français est en singulière posture au regard de la navigation étrangère, par suite de circonstances fort simples et naturelles. Nous allons voir quelles causes d'ordre législatif aggravent encore les « charges » de l'armateur.

II

Causes législatives et politiques de la crise.

On peut déclarer en toute sincérité que l'arsenal
de nos lois spéciales enserre l'armement, comme
un carcan propre à l'étouffer. La marine marchande,
me disait-on ces jours-ci dans un grand port de la
Méditerranée, se meurt de paralysie, parce que
soumise à des réglementations surannées et
étroites. Ce fut, d'abord, le décret-loi du 21 septembre 1793, véritable acte de la navigation, qui
interdit à l'armement d'embarquer dans ses équipages plus d'un quart d'étrangers, et restreignit
aux seuls Français les postes d'officiers. Le décret-
loi de 1793 n'admettait, en outre, pas la nationali-
sation des bâtiments provenant de chantiers étrangers. Pour compenser ces charges, la Convention
établit le monopole des transports entre la métro-
pole et ses colonies.

Ce décret était encore plus restrictif qu'il n'en avait l'air. L'armement ne pouvait, en effet, ne peut encore recourir aux services de n'importe quels Français ; son choix doit, nécessairement, porter sur des hommes ayant l'expérience de la navigation d'une part, de l'autre appartenant à l'inscription maritime.

Charte essentielle de la marine de combat, l'ordonnance de 1668 — revisée en 1673 et en 1689 (grande ordonnance du 15 avril) — édictée « dans le but d'assurer au Roy le nombre de mariniers et matelots nécessaires au service de ses vaisseaux » (Préambule de l'Ordonnance du 22 septembre 1768), devait dans la pensée de Colbert « pourvoir à la commodité de ses sujets qui équipent des bâtiments pour leur commerce, soit pour la pêche ou la marchandise. »

Cette prévoyante et sage institution mettait fin au régime odieux de la « presse », qui permettait de fermer les ports et d'embaucher de force, pour la navigation royale, les marins qui s'y trouvaient. A l'arbitraire se substituaient des règles précises. Chaque année, les « mariniers et matelots » habitant « les villes et communautés des côtes maritimes » étaient dénombrés et inscrits sur les rôles de mer, puis répartis en classes, suivant les provinces. Chaque classe ainsi constituée était appelée à effectuer, tous les trois ou quatre ans, une année de service à bord des navires royaux. Tout marin devait être « inscrit », et les capitaines étaient tenus de n'embarquer que des marins classés, sous peine de châtiments sévères.

Cette réglementation subit, au cours des temps, des remaniements, et reçut des compléments : l'Ordonnance du 31 octobre 1784 fixa la limite d'âge pour le service d'État à 60 ans, et autorisa l'inscrit à se faire rayer des contrôles. La loi du 3 brumaire an IV abaissa la limite d'âge à 50 ans, et répartit les marins en quatre classes nouvelles : célibataires, veufs sans enfants, hommes mariés, pères de famille. Le décret du 30 décembre 1860 supprima la levée permanente des effectifs, fixée par l'arrêté ministériel de 1835, et créa le régime des appels de six ans.

Enfin, la loi du 24 décembre 1896 donna à l'inscription sa formule actuelle. Elle a décidé que « sont compris dans l'inscription maritime les Français ou naturalisés Français qui exercent effectivement et à titre professionnel la navigation, c'est-à-dire qui remplissent des fonctions relatives à la marche, à la conduite et à l'entretien des bâtiments naviguant sur mer ou à l'embouchure des fleuves.

L'article 2 de la loi de 1896 pose comme règle que les mouvements de la navigation des inscrits seront suivis sur des matricules tenus par l'inscription maritime du littoral.

Les inscrits sont subdivisés en trois catégories : 1° les inscrits provisoires, jeunes gens, dont certains n'ont que dix ans, qui commencent à exercer la navigation, et ont fait, pour pouvoir s'embarquer, une déclaration devant le chef de l'inscription maritime, qui leur a donné connaissance de quelques articles de la loi, et leur a fait apposer leur signature sur le registre d'immatriculation. Les déclarants mineurs sont soumis à quelques formalités supplémentaires (article 10).

L'article 11 fixe les conditions dans lesquelles l'inscription devient définitive. Dix-huit mois de navigation sont exigés de l'inscrit provisoire, qui doit avoir dix-huit ans révolus, et moins de cinquante ans. Pour être inscrit définitivement, le postulant doit aussi manifester son intention formelle de continuer le métier de marin. L'inscrit provisoire qui cesse de naviguer (article 11) est rayé des matricules sur sa demande, et soumis, s'il a moins de vingt et un ans, au recrutement de l'armée de terre.

2° L'inscrit définitif est astreint à des obligations militaires de 18 à 50 ans : de 18 à 20, il peut s'engager dans la flotte armée, mais il ne peut être convoqué d'office qu'en cas de guerre ; de 20 à 30 ans, il est soumis à l'action de la levée permanente. Il doit cinq ans de service actif ; pendant deux ans, il reste dans la disponibilité. En réalité, la durée du service effectif varie entre 38 et 40 mois. Jusqu'à 50 ans, les inscrits appartiennent, ensuite, à la réserve.

3° L'inscrit âgé de plus de 50 ans est dit « hors de service », et réformé.

En compensation des obligations auxquelles il est astreint, l'inscrit a le quasi monopole de la navigation, le monopole de la pêche côtière et de précieux avantages financiers.

Il est « favorisé », en dépit des assertions gratuites qui nous ont été opposées au cours de notre enquête, alors que l'armement voit sa liberté entravée par le décret-loi de 1793 et les barrières de l'inscription maritime.

D'autres lois pèsent non moins sur les armateurs. L'article 262 du Code de commerce établit qu'un inscrit tombé malade au cours d'une traversée, ou blessé au service du navire, sera payé, nourri et soigné par l'armateur; celui-ci est tenu à le rapatrier, après lui avoir versé sa solde pendant un maximum de quatre mois après son débarquement. Il faut avouer, hélas! que cet article fut, longtemps, exploité par les marins. Des statistiques ont permis de reconnaître qu'un tiers des équipages recevait chaque année des soins médicaux, et, par conséquent, coûtait à l'armateur, sans produire de travail.

Le Parlement, poussé par les intéressés, a estimé devoir assurer d'une manière permanente les secours temporaires prévus par les rédacteurs du Code de commerce. La loi du 21 avril 1898 a institué la Caisse nationale de prévoyance contre les risques et accidents des marins français, alimentée à la fois par les inscrits et leurs armateurs; œuvre de mutualité obligatoire, la Caisse de prévoyance était constituée par le versement de 1 1/2 p. 100 des salaires tant par le marin que par son employeur. Le marin, à l'expiration du délai de quatre mois fixé par le Code de commerce, passe sous le régime de la loi de 1898. En cas d'incapacité de travail, il a droit à une pension viagère; en cas de décès, sa veuve et ses enfants reçoivent également des pensions.

Il n'en demeure pas moins que la loi de 1898 a fait peser une charge nouvelle sur l'armement. Celui-ci supportait donc un faix considérable, dont les marines étrangères se trouvent exemptes. En 1904, un Comité spécial, institué au sein de la commission extraparlementaire de la marine marchande, et composé de personnalités du Parlement, du Conseil d'État et des grands services publics, a procédé à l'évaluation de toutes les charges qui ligottent les armateurs. Le Comité s'est entouré de toutes les garanties nécessaires et n'a fait état que des charges échappant à toute contestation. Le résultat auquel il est arrivé restait donc, par suite, au-dessous de la réalité. Ses chiffres furent adoptés par la commission extraparlementaire et consignés dans le rapport de M. Millerand, en date du 4 mai 1904. Nous y renvoyons le lecteur.

Déjà, d'ailleurs, la loi du 29 janvier 1881 avait

reconnu la situation délicate de la navigation de commerce française. Son article 9 s'exprimait, en effet, ainsi : « A titre de compensation des charges imposées à la marine marchande pour le recrutement et le service de la marine militaire, il est accordé, pour une période de dix ans, à partir de la promulgation de la présente loi, une prime de navigation aux navires français à voiles et à vapeur. Cette prime s'applique exclusivement à la navigation au long-cours. Elle est fixée, par tonneau de jauge nette et par mille milles de parcours, à 1 fr. 50 pour les navires de construction française sortant de chantier, et décroît de 0 fr. 075 par an pour les navires en bois et les navires composites, et de 0 fr. 05 pour les navires en fer. La prime est réduite de moitié pour les navires de construction étrangère. Les navires francisés avant la promulgation de la présente loi sont assimilés, pour la prime, aux navires de construction française. »

Un paragraphe, toutefois, exceptait des avantages ci-dessus énoncés les navires affectés à la pêche, aux lignes subventionnées et à la navigation de plaisance.

Des primes étaient également réservées à la construction. Ces encouragements légitimes avaient eu une répercussion sur le développement de l'armement. En 1880, notre marine marchande comptait 15.058 navires, jaugeant 919.298 tonneaux. En 1891, le nombre des navires était tombé, il est vrai, à 15.047, mais le tonnage s'était élevé à 918.079 tonneaux. En 1880, nous ne possédions que 652 vapeurs ; en 1891, nous en accusions 1.157. Les lignes régulières passaient de deux à dix-neuf.

On pouvait donc espérer que le nouveau système de primes élaboré en 1905 donnerait un nouvel essor à notre armement, affaibli et inquiet. Malheureusement, le calcul des charges fait par la commission extraparlementaire se trouva faussé par de nouvelles dispositions législatives et administratives, qui accrurent, dans une proportion considérable, les obligations de l'armement. Le décret du 4 janvier 1896, portant règlement de police sanitaire, instituait des droits, tels que reconnaissance à l'arrivée en France d'un navire, droits de station, payables par les navires soumis à l'isolement. Le décret du 15 juin 1899 aggrava ces mesures, onéreuses pour l'armement. Le décret du 22 juin 1904, ensuite, porta modification des règles applicables à la jauge des navires. Par le fait de ce décret, le chiffre du tonnage net de la flotte commerciale française a été majoré de 13 p. 100 dans son ensemble. Par suite, les droits de quai, de navigation, de pilotage, de péage, etc., perçus sur la base de la jauge nette, se sont trouvés majorés dans la même proportion.

Étant donné que l'ensemble de ces droits dépasse, pour notre pavillon, la somme de 10 millions de francs, annuellement, le décret du 22 juin 1901 fait peser sur la marine marchande une surcharge de 1.300.000 francs. L'État reprend d'une main ce qu'il alloue de l'autre.

La loi du 29 décembre 1905 sur la Caisse de prévoyance a encore accru le malaise. L'armement s'est vu imposer une cotisation supplémentaire de 2 p. 100 (3 1/2 au lieu de 1 1/2) sur les salaires qu'il distribue, alors que les inscrits ne versent que : 1° pour le long-cours, le cabotage international et les grandes pêches, les capitaines 1 p. 100, le personnel non-officier 0 fr. 75 p. 100; 2° pour le cabotage, le pilotage et bornage, la pêche, les officiers 0 fr. 75 par mois, les patrons et pilotes 0 fr. 40, les matelots 0 fr. 30, les novices 0 fr. 20, les mousses 0 fr. 10. Le bénéfice de la Caisse de prévoyance fut même étendu aux agents du service général à bord (restaurateurs, maîtres d'hôtel, cuisiniers, etc.). L'ensemble des salaires s'élevant à environ 50 millions par an, la loi du 29 décembre 1905 a créé pour l'armement une nouvelle surcharge de 1 million.

La loi du 14 juillet 1908 sur la Caisse des Invalides, qui distribue aux inscrits retraités la *demi-solde*, en refondant l'ancienne institution colbertienne, a porté à 5 p. 100 la contribution des inscrits et à 3 p. 100 celle de leurs employeurs (articles 13 et 15). Malgré l'estimation de la Chambre, qui a évalué à 1.430.000 francs la nouvelle contribution annuelle de la marine marchande, on peut dire que celle-ci dépasse 1.500.000 francs.

C'était vouloir écraser l'armement. Ces mesures, pourtant, ne suffisaient pas au zèle démagogique de nos parlementaires. La loi du 17 avril 1907, sur la sécurité de la navigation et la réglementation du travail à bord des navires, mise en vigueur le 27 mars 1909, est venue porter un coup suprême à notre marine de commerce, énervée, entre temps, par des mesures concernant la dératisation et les moyens de sauvetage.

III

Navigation et douanes.

Avant d'aborder la question de la loi de 1907,
dont on ne peut encore mesurer toute la gravité,
il convient de nous arrêter sur une des causes de
la crise qui nous préoccupe, et de nous demander
si notre régime commercial accorde à notre armement les moyens de rivaliser avec ses concurrents
plus heureux.

Un grand nombre d'armateurs que j'ai interrogés
m'ont nettement déclaré que la navigation avait
« essentiellement besoin de liberté ». Le libre
échange fait sa fortune, le protectionnisme entrave
son action. Il y a donc tout lieu de s'inquiéter des
nouveaux tarifs douaniers dont le Parlement nous
menace, et dont l'application ne saurait manquer
de déterminer un nouveau recul de notre armement.

La mise en pratique des tarifs de 1892 nous a fourni, à cet égard, un douloureux exemple. En 1891, notre flotte de commerce représentait 948.079 tonneaux. En 1898, elle ne se chiffrait plus que par 900.288 tonneaux. Les voiliers, protégés par la loi de 1893, ne souffrirent pas trop de cet état de choses, mais les steamers, de 521.872 tonneaux (1891) tombèrent à 485.615 tonneaux en 1898.

Pour bien nous rendre compte de l'influence considérable du régime douanier sur la marine de commerce, reportons-nous au vibrant discours prononcé le 5 mai 1891 par M. J. Charles-Roux, au moment de la discussion des tarifs au Parlement. L'honorable député, aujourd'hui président du conseil d'administration de la Compagnie générale transatlantique, faisait alors un examen détaillé de la navigation en Méditerranée.

En Italie, remarquait-il, en raison de la rupture de notre traité de navigation avec la péninsule, les bâtiments, qui payaient jadis 4 francs par tonne de jauge et par an, doivent verser 2 francs par tonne et par mois. S'agit-il de la Grèce, où le seul aliment de fret est le raisin sec, les droits prohibitifs établis par le projet de loi et la loi de 1890

restreindront les transports dans de grandes proportions.

En Roumanie, les articles d'exportation sont le
maïs, les bois merrains, les légumes secs, les
graines oléagineuses. Le maïs taxé à 21 francs ne
pourra plus être importé en France. « Les merrains
sont cotés 1 fr. 50 et 2 francs. Les raisins de Tur-
quie sont frappés, par vous, comme les graines
oléagineuses, les légumes secs, le millet, les œufs,
les volailles. Jaffa nous fournissait des graines oléagineuses, le dari et ses 12.000 tonnes de fret, les
fruits, oranges, citrons, mandarines, chinois,
caroubes. Tous ces produits sont frappés ».

M. Charles-Roux reprochait à la commission de
vouloir atteindre les graines de coton, les légumes
secs, de surtaxer les mélasses. « Nous ne pourrons
plus rien prendre en Egypte. Enfin, l'Espagne
nous alimentait en vins, notre meilleur fret. Nous
avons perdu cette clientèle. » Les graines oléagineuses ont été préservées, mais le discours de M. J.
Charles-Roux n'a pu qu'être confirmé par les faits.
M. Thierry, en juin dernier, avait grand raison de
le faire observer à la Chambre : les transports ne
peuvent nourrir leur homme que lorsque la douane

ne ferme pas impitoyablement les frontières.

J'en veux pour preuve les chiffres relevés avec soin par M. E. Ancey. Durant l'ère des traités de commerce à long terme, de 1860 à 1880, le commerce maritime de notre pays s'est élevé de 4.119 millions à 7.186 millions, soit une progression de 74 p. 100. De 1881 à 1901, période de protectionnisme, ce même commerce n'a progressé que de 206 millions, soit 3 p. 100. La comparaison est édifiante.

La loi de 1907.

La loi de 1907, lourde de 57 articles, brille par son obscurité. Armateurs, officiers, marins m'en ont fait le procès. Elle est si touffue, si compliquée qu'il a fallu « l'éclairer » par deux décrets (des 20 et 21 septembre 1908) portant règlement d'administration publique. L'ensemble néanmoins restait confus. Une instruction ministérielle du 17 mai 1909 n'a pu réussir à la préciser. Il n'en demeure pas moins qu'elle contraint l'armement à des sujétions, dont celui-ci se plaint amèrement.

Elle exige, en effet, la délivrance d'un permis de navigation par l'administrateur de l'inscription maritime, faute duquel le bateau de plus de 25 tonneaux ne peut être mis en service. L'administrateur ne délivre ledit permis qu'après s'être assuré : 1° que le navire est bien construit ou conservé; 2° qu'il satisfait au règlement d'administration publique. La loi oblige l'armateur à faire visiter son bâtiment, exceptionnellement après des avaries graves ou des modifications notables, et régulièrement avant chaque départ, par des inspecteurs de la navigation, cette visite devant porter à la fois sur les conditions de navigabilité du bateau, de sécurité et de conservation, sur les vivres, les boissons, l'eau potable. Des visites régulières annuelles sont effectuées par une commission instituée par décret.

Les machines et appareils à vapeur doivent être examinés avec soin par les inspecteurs de la navigation (qui sont des capitaines au long-cours retraités). Les décisions des commissaires ou inspecteurs peuvent être portées devant une commission supérieure, dite de la Marine marchande, qui statue en dernier ressort.

Les armateurs, de par la loi de 1907, sont tenus, pour les bâtiments naviguant au long-cours, et ayant une jauge brute de plus de 700 tonneaux, d'entretenir au moins un capitaine pour le pont, un second et un lieutenant diplômés; les caboteurs de plus de 1.000 tonneaux, s'éloignant de plus de 400 milles de tout port métropolitain, sont astreints aux mêmes exigences. Les navires de 200 à 700 tonneaux de la première catégorie, ceux de 200 à 1.000 de la seconde doivent avoir à bord deux officiers.

A la mer et dans les rades ouvertes, le personnel, pont et machines, marche par quarts; 3 quarts pour les machines, 2 pour le personnel-pont. L'inscrit du pont ne peut faire plus de douze heures de travail par jour, celui des machines plus de huit. Aux machines, un chauffeur ne doit pas être affecté à plus de trois fourneaux. « Le chauffeur, pendant son quart, ne doit pas être distrait du service de la chauffe. » Le chauffeur doit une heure de travail en dehors du quart, pour l'entretien des machines, pourvu que le service soit à trois quarts.

Toute heure de travail excédant le service

normal sera payée en supplément. Dans un port, le travail ne peut excéder dix heures par jour pour le pont, huit pour les machines.

Le repos hebdomadaire est obligatoire, sauf cas de force majeure. La nourriture du personnel sera celle des marins de la flotte armée.

La loi de 1907 et les surcharges de l'armement.

La loi de 1907 comprend un certain nombre d'obligations qui ne seront définitivement applicables et exigibles que dans l'avenir, mais dont les frais se chiffreront à coup sûr par des millions de dépenses supplémentaires. C'est ainsi que les Compagnies de navigation et armateurs se voient obligés de transformer leur matériel, de diminuer la capacité de transport des navires pour augmenter les cubages d'air nécessaires pour les équipages et les passagers, de construire désormais des bâtiments plus grands afin de répondre aux prescriptions imposées.

Pour le moment, l'armement plie déjà sous le faix des surcharges créées par l'application immédiate de la loi. Il est difficile de les évaluer précisément. Cependant, pour l'édification du public, j'ai recueilli quelques données qui sont tout à fait caractéristiques.

Sur ce point, il y a lieu de distinguer Marseille des autres ports de notre littoral. A la suite d'un mouvement des inscrits, conduits à l'assaut par le citoyen Rivelli, l'été dernier, et devant la menace d'une grève persistante et dangereuse pour l'armement, le Syndicat de la marine marchande de Marseille avait accepté l'arbitrage du président Ditte sur la question du repos hebdomadaire. Celui-ci, en dépit des déclarations de M. Chautemps, rapporteur au Sénat de la loi de 1907, rendit obligatoire, et cela contrairement au texte de la loi, le repos hebdomadaire pour toutes les personnes composant les effectifs des navires de commerce.

Il en résulta un accroissement considérable des dépenses de l'armement qui ne s'attendait point à un tel jugement, mais dût s'incliner devant le fait acquis. Le gouvernement, l'administration font même encore de la surenchère.

A la Compagnie transatlantique, à Marseille, la loi de 1907 et la sentence Ditte ont augmenté considérablement les dépenses, en ce qui concerne la seule obligation du repos hebdomadaire. Il faut, en effet, payer les inscrits du pont pour les jours de repos et payer également le personnel chargé de remplacer ceux qui se délassent. Il faut louer des journaliers pour exécuter le travail dans le port où les hommes ne fournissent plus qu'une besogne réduite, et ces journaliers, embauchés pour peu de temps, exigent des salaires importants, supérieurs à ceux des marins (4 fr. 50 par jour).

Descendons dans les machines. La loi parle d'un *homme* pour trois fourneaux ; l'administration de la marine interprète un *chauffeur* par trois fourneaux. Il en faut maintenant 30 où, légalement, il n'en est exigé que 12. L'administration et les Syndicats se basant sur l'article 25 de la loi, qui décide que « le chauffeur ne peut être distrait de la chauffe », exigent l'institution de soutiers et d'alimenteurs, alors qu'en présence de l'inspecteur de la navigation et du citoyen Boyer, sur certains navires modernes, les chauffeurs eux-mêmes ont reconnu que les soutiers ne leur étaient nullement nécessaires, mais plutôt gênants. Jadis, les chauffeurs s'occupaient de l'alimentation des chaudières :

force a été de mettre des alimenteurs sur les bâtiments qui ignoraient cet emploi. L'augmentation de ce personnel, alimenteurs et soutiers, peut être évaluée à 170.000 francs pour les services méditerranéens de la Compagnie générale transatlantique.

Un navire possédant 4 chaudières et 12 fourneaux exige, aujourd'hui, deux chauffeurs et un chauffeur-graisseur de supplément; le type de 3 chaudières et 9 fourneaux, 2 soutiers et 1 chauffeur-graisseur (1 chauffeur, il est vrai, est supprimé), le type 2 chaudières, 6 fourneaux, réclame un troisième mécanicien, 1 chauffeur-graisseur (en remplacement d'un chauffeur) et 3 soutiers; le type 8 chaudières, 32 fourneaux, 1 chauffeur-graisseur, 2 alimenteurs, 2 soutiers; enfin un type à 4 chaudières, 12 fourneaux, 1 chauffeur-graisseur, 1 alimenteur, 2 ou 3 soutiers. Il est d'ailleurs avéré que le règlement a pris un point de départ erroné. Dans le milieu compétent, on m'a fait remarquer qu'on aurait dû fixer le personnel non d'après le nombre des fourneaux, mais d'après la quantité de charbon manipulé.

La question des heures supplémentaires, qui prête à tant de controverses, n'est pas non plus à

dédaigner. Ces heures coûteront plus d'un million
à la Compagnie Transatlantique.

L'article 27, paragraphe 2, de la loi, détermine la
durée du travail des inscrits. Il s'exprime ainsi :

Si le navire est dans le port ou sur une rade abritée,
l'homme d'équipage n'est tenu que dans les circonstances de force majeure à travailler plus de dix heures
par jour, service de veille compris, pour le personnel du
pont, et plus de huit heures pour le personnel des
machines.

Cependant, le jour de l'arrivée ainsi que le jour du
départ, les *périodes cumulées* de service en rade ou dans
le port et de service à la mer pourront atteindre douze
heures pour le personnel du pont, sans donner lieu
obligatoirement à aucune rémunération supplémentaire,
à la condition toutefois que ces jours d'arrivée et de
départ ne se reproduisent pas plus de deux fois par
semaine : dans le cas contraire, les dispositions du
paragraphe 2 de l'article précédent sont applicables.

Les inscrits émettent la prétention de se faire
payer les périodes cumulées à partir de la première
période. Il a fallu s'incliner devant leurs exigences.
Cette dépense des périodes cumulées grèvera lour-
dement les budgets de l'armement. Aux Message-

ries Maritimes (section de Marseille), on semble devoir évaluer à un million les charges annuelles dues à l'application du repos hebdomadaire et des heures supplémentaires, plus 5 fr. 75 p. 100 de supplément, l'administration de la Marine prétendant imposer la retenue pour la Caisse des Invalides et la Caisse de Prévoyance sur les heures supplémentaires mêmes.

L'accroissement du personnel est chiffré à 125.000 ou 130.000 francs ; la nourriture, les jours de repos, représentent environ 250.000 francs Il convient d'y joindre 500.000 ou 600.000 francs de dépenses pour le nouveau matériel de sauvetage imposé.

La Compagnie Cyprien Fabre devra supporter une surcharge de 40.000 francs pour le repos du dimanche, de 20.000 à 50.000 francs pour les engins de sauvetage ; si l'on y ajoute les 20.000 francs de supplément pour la Caisse des Invalides, et autant pour la Caisse de Prévoyance, prévus par les nouvelles lois antérieures, on obtient un total de 150.000 francs, ou 2 1/2 p. 100 d'intérêts en moins pour les actionnaires.

Outre les réparations à effectuer aux bateaux pour l'installation de postes supplémentaires,

la Compagnie mixte devra payer annuellement
110.000 francs de frais par suite de l'application de la
loi. La loi de 1907 a surchargé le budget de la Compagnie des Transports maritimes de 70.000 francs.
La sentence Ditte augmentera sans doute ce déficit
de 20.000 francs.

A Bordeaux, les Messageries Maritimes chiffrent
à 150.000 francs annuellement les dépenses cau-
sées par les lois de 1905, à 50.000 francs les frais
de repos compensateurs (15.600 journées, à
50.000 francs l'augmentation forcée du personnel,
à 100.000 francs environ les heures supplémentaires.

La Transatlantique et les Messageries ont étendu
à leurs flottes de l'Atlantique et autres le bénéfice
de la sentence Ditte. Les autres armateurs, exception faite des Chargeurs Réunis, refusent de souscrire au jugement qu'ils n'ont pas sollicité. Si la
loi, en ce qui touche le repos hebdomadaire, était
appliquée au port de Nantes, qui compte 100 grands
voiliers, il en coûterait à l'armement nantais
60.000 francs chaque année. Plus de 150 voiliers
de notre pavillon devraient cesser leurs services.
Au Havre, on envisage avec anxiété l'application

de la sentence Ditte, qui porterait un terrible coup à la navigation de commerce. Je n'insisterai pas davantage sur cette face de la crise. Les chiffres cités plus haut parlent d'eux-mêmes.

IV

La loi de 1907 et la situation jugées par l'armement.

La loi de 1907 n'a satisfait personne, comme toutes celles que le Parlement a hâtivement rédigées, dans un but politique et électoral.

L'armement, auquel elle cause d'indicibles difficultés, lui reproche de l'avoir écrasé sous le faix de charges financières dont il ne peut entrevoir la limite, et d'être la source de conflits toujours renouvelés, comme voulus par l'obscurité même des textes. On a commis en outre une impardonnable erreur en généralisant les formules, comme si l'armement était constitué des mêmes éléments, alors qu'il représente des intérêts essentiellement divers, sinon divergents. Il convient, en effet, de distinguer la grande navigation, le long-cours et le cabotage international, la navigation à voiles au long-cours, le cabotage national, la grande pêche, le bornage, le chalutage à vapeur et le remorquage.

Nous avons cru devoir pousser notre enquête sur ces divers terrains, afin de pouvoir juger avec quelle imprévoyance, avec quelle inexpérience des choses de la mer la loi a été préparée et votée.

L'armement au long-cours juge que la loi de 1907 a été entièrement dirigée contre les armateurs, sous l'inspiration du bruyant secrétaire général de la Fédération des inscrits maritimes, M. Rivelli, collaborateur et ami reconnu de M. Camille Pelletan, lequel épouse tous les enthousiasmes et toutes les rancunes du syndicaliste corse. « Ce fut le dernier coup de grâce donné à notre marine marchande », m'avouait douloureusement le directeur d'une vieille firme marseillaise de transports.

« Dites bien, me déclarait un autre armateur de la vieille école, que les dernières réglementations de l'armement nous ont jeté dans le plus profond découragement, dans la plus amère tristesse. Nous ne pouvons plus armer un bateau, débarquer un homme ; nous ne sommes plus les maîtres chez nous, et nous considérons que nous nous trouvons à un tournant de la navigation commerciale. Nous en sommes venus à penser, unanimement, que la situation est désespérée, et nous demandons, avec angoisse, non pas : « qu'allons-nous devenir? » mais bien » quand notre flotte disparaîtra-t-elle ». En un mot, c'est la faillite assurée d'ici vingt ans. S'il nous était loisible, nous passerions la main, malgré tout notre passé, quoiqu'il pût en coûter à notre amour-propre, à nos traditions de famille ».

Cet état d'âme est, d'ailleurs, partagé par nombre d'armateurs ou de dirigeants de grandes Compagnies qui n'envisagent l'avenir qu'avec appréhension. A Marseille, en effet, la crise atteint un état d'autant plus aigu que les passions y sont plus violentes et que les inscrits se surexcitent, Rivelli aidant, surtout après leur victoire dans l'arbitrage Ditte.

Cet arbitrage et la sentence qui l'a clos ont compliqué plus que jamais la situation. M. Ditte a jugé que le repos hebdomadaire, refusé au Sénat par M. Chautemps, devait être donné à terre, lorsqu'il était impossible de l'octroyer pendant la traversée. Comment, dans ce cas, fera l'armateur dont le bateau aura effectué treize jours de voyage et ne séjournera que vingt-quatre heures dans le port? L'équipage a droit, légalement, à deux jours de repos. On ne peut les lui accorder. Le problème se complique si le navire « redouble », et ainsi de suite.

Supposons qu'un bâtiment doive sept jours de repos et reparte sans délai. Il sera dans la nécessité de « désarmer ». Il réarmera, d'ailleurs, aussitôt, sans pouvoir reprendre son ancien équipage, car la loi ne doit pas être violée. Une solution pourrait être adoptée : le payement des jours de repos non octroyés. La sentence Ditte exprime l'avis que « le repos doit être effectif ».

Le long-cours reproche également, et non sans motif, que les inspecteurs de la navigation, prévus par la loi de 1907, aient été nommés vingt-quatre heures seulement avant la date de l'application de la loi, et qu'on les ait choisis sans circonspection, spécialement à une heure d'incertitudes et d'embûches. Les officiers de marine en retraite sont souvent mal préparés à leur nouvelle mission, et les anciens capitaines de la marine marchande n'oublient pas leurs propres rancunes.

L'administration en prend, en outre, trop à son aise. C'est ainsi, par exemple, que le ministère de la marine prétend exiger des navires de plus de 200 tonneaux de jauge l'application de l'article 8 du chapitre II section I du règlement du 20 septembre 1908, lequel comporte l'obligation d'avoir un registre coté et paraphé par l'administration maritime, devant contenir l'indication des heures supplémentaires effectuées, quand cet article ne s'applique qu'aux navires de 25 à 200 tonneaux. L'arrêté ministériel du 7 septembre 1909 est donc contraire à la loi.

Un armateur bordelais s'est vivement élevé auprès de moi contre le cahier de réclamations institué par la loi. « Le capitaine, hier encore maître après Dieu, selon l'antique formule, et qui, en fait, représente à bord toute la société, n'a plus d'autorité. » Cette mesure est intolérable.

Sur l'Atlantique et la Manche, les armateurs ont fait bloc pour résister aux prétentions du sous-secrétariat d'État à la marine qui prétend leur imposer la sentence Dille, qu'ils n'ont point admise, ne l'ayant point sollicitée. Le repos hebdomadaire enfin, n'est pas applicable, en pratique, au personnel civil ou du service général. Conçoit-on le cuisinier abandonnant ses fourneaux avant l'heure du repas, sous prétexte qu'il est arrivé à la période de son repos?

Dans le long-cours et grand cabotage qui n'affecte pas les ports méditerranéens, si ce n'est à titre d'escales, le repos hebdomadaire est appliqué pour le personnel du pont; le personnel civil en jouit également, autant que faire se peut, mais toujours à la mer pour le pont, afin d'avoir des équipages disponibles dans les ports.

Pour les chauffeurs, la solution présentera, nous dit-on, de réelles difficultés. Il sera nécessaire de donner le repos à terre. Mais ici surgissent les impossibilités. Prenons le cas du *Québec*, de la ligne d'Haïti-Colon. Arrivé à destination au Havre, l'équipage aura droit à huit jours de repos. Or, une partie du personnel sera indispensable à la besogne du pont, alors que tout le monde, aux termes de la loi, devrait être hors du navire. On ne pourra donc, en fait, accorder qu'une part du repos hebdomadaire dû légalement.

Les armateurs au cabotage national ne sont pas moins inquiets que les armateurs au long-cours : « Cette loi néfaste amènera inévitablement la disparition de l'industrie de l'armement. Seules, les Compagnies subventionnées pourront résister à l'épreuve, encore faudra-t-il augmenter le montant de leurs subventions. » C'est en ces termes prophétiques qu'une vieille maison apprécie la crise.

Les voiliers de l'Ouest témoignent d'une semblable anxiété, mais, jugeant la sentence Ditte contraire à la volonté, nettement affirmée, des législateurs, se sont associés à la résistance des propriétaires de cargos-boats. « J'estime, m'exposait l'un des plus distingués armateurs à la voile, que le repos hebdomadaire en mer n'est pas impliqué formellement dans la loi, qui dit seulement (article 28) : « Le dimanche sera, autant que possible, le jour affecté au repos hebdomadaire. Toutefois, le capitaine pourra choisir un autre jour pour tout ou partie de l'équipage. »

« En mer, le jour du repos hebdomadaire, l'équipage ne sera tenu d'exécuter que les travaux indispensables pour la sécurité et la conduite du navire, les soins de propreté quotidienne, etc. » Or, tous ces travaux constituent le labeur ordinaire de notre personnel. Celui-ci est si bien de mon avis qu'il reconnaît ne pouvoir réclamer le repos en mer, et demande seulement une compensation en heures supplémentaires. D'ailleurs, une circulaire de M. Picard, du 9 avril 1908, concluait dans le même sens. La sentence Ditte a tout bouleversé. L'arbitre a jugé sans même ouvrir le pli préparé à son endroit par les armateurs. Nous ne pouvons admettre la sentence. »

Les chalutiers n'ont pas lieu d'être satisfaits plus que leurs collègues de l'armement. La loi a fixé la charge maximum à donner aux navires pour assurer leur sécurité. Une marque, dite de *franc-bord*, est gravée, à cet effet, sur le bordage extérieur du vapeur, laquelle doit demeurer au-dessus de la flottaison.

Cette mesure est, en vérité, préjudiciable et même nuisible à la sécurité du navire, car la charge du départ est uniquement constituée par le charbon de soute, qui se consomme très rapidement, si bien qu'un chalutier qui partira avec sa marque de franc-bord immergée sera dans une condition meilleure de navigabilité que le cargo qui, partant avec sa marque à la flottaison, la conservera durant tout le voyage.

En limitant les approvisionnements de charbon de soute, on limite l'action des chalutiers, leur temps de pêche et leur rendement. On les expose à rester à la merci des flots. Ce cas se présente par-

ticulièrement pour les Islandais et Terre-Neuvais.
La loi va donc à l'encontre du but qu'elle se pro-
posait.

La réglementation concernant le personnel officier n'est pas moins critiquable pour les bateaux
de pêche. Le décret du 20 septembre exige trois
officiers brevetés. L'armateur n'a besoin que d'un
« patron ». Il lui adjoindra donc des jeunes brevetés, sans expérience et sans valeur personnelle,
puisque leur fonction subalterne sera une preuve
de leur incapacité professionnelle. Si le « patron »
vient à manquer, la sécurité sera, évidemment,
moindre qu'autrefois où le poste de second était
confié à un vieux marin sans diplôme, mais rompu
à la navigation.

S'agit-il de la réglementation du travail à bord,
l'erreur de la loi est encore plus évidente. Dans la
grande pêche, les équipages sont rémunérés en
raison des produits de la pêche. Les gains fixes
sont rares ou ne sont qu'une partie du salaire.
Réglementer le travail nuit aux intérêts de l'équipage, qui se repose quand le poisson ne donne
pas, et ne prend de la peine que lorsque la moisson
est abondante. On ne peut, par une telle obliga-

tion, que provoquer les dénonciations des paresseux, sans profit pour les laborieux. La seule réglementation pratique et contrôlable devrait porter sur la durée de séjour au port entre l'arrivée du bateau et son départ. Ce séjour serait de tant de marées. selon le temps du dernier séjour à la mer.

L'armement du remorquage objecte à la loi qu'il constitue plutôt une spécialité industrielle, qu'il est un moyen de traction en location, et qu'il doit être à la disposition de qui l'emploie à toutes heures de jour et de nuit. Si, sur la Méditerranée, les remorquages se font exclusivement de jour, la mer ne se retirant pas, ailleurs le remorquage doit compter sur la marée. Il ne saurait appliquer la loi. et le principe des huit heures de travail pour ses chauffeurs. Le personnel des remorqueurs, dans beaucoup de cas, touche des salaires élevés et des pourcentages pour opérations extraordinaires. comme les sauvetages. Il est impossible de le mettre sur le même pied que celui de la grande navigation. L'armateur est obligé ou de violer la loi de 1907 ou de passer outre à la loi de l'inscription maritime, en usant d'un rôle collectif. Il est regrettable, dit-il, qu'on l'accule à ce dilemme.

On le voit, de toutes parts, les récriminations les plus justifiées ont accueilli l'application de la dernière loi et des initiatives gouvernementales. Nous aurions pu multiplier les doléances, spécialement en ce qui concerne le long-cours. Toutefois, le public appréciera avec quelle légèreté les réglementations ont été instituées. Encore n'avons-nous pas insisté sur quelques exigences baroques, telles que les suivantes : le biscuit est inacceptable et ne doit être donné aux équipages après quinze jours; les postes seront d'une parfaite propreté à toute heure du jour (or, on sait que sur les petits navires les hommes résistent à l'appropriation des logements et tables); de même, les articles se rapportant aux manches à vent, ou aux chambres de campagne des morutiers.

Toutes ces vexations, toutes ces surchages nous mettent en état d'infériorité manifeste vis-à-vis des étrangers. Je dois à l'obligeance de la Maison Worms et Cie une comparaison fort instructive entre l'armement français et anglais. Pour un navire de 850 tonneaux, l'exploitation, sous pavillon anglais, coûte 7.300 francs par mois, sous pavillon français 10.662 fr. 25, soit 3.460 fr. 25 en plus. L'équipage anglais ne comprend, en effet, que 12 hommes, l'équipage français 16.

Enfin, un navire anglais, en gages et nourriture, coûte 2.399 francs, par mois, un bateau français identique 3.315 francs. Je livre ces chiffres aux méditations de tous ceux qui croient que la navigation française traverse encore des heures brillantes et pleines d'espérances.

V

La loi de 1907 et les Officiers de pont.

Les capitaines au long-cours subissent la loi de
1907, plus qu'ils ne s'en réjouissent; si quelques-
uns m'en ont vanté l'utilité, la plupart ne m'ont
point caché que, dans l'occurrence, le personnel
officier avait été bien loin d'être favorisé. La loi,
en effet, a révoqué, en fait, le pouvoir discrétion-
naire du commandant sur son personnel, tout en
maintenant sa responsabilité vis-à-vis de l'armateur et de la justice. La législation a prévu des
repos pour les officiers comme pour les inférieurs,
mais les nécessités du service leur imposent des
devoirs auxquels ils ne sauraient se soustraire.
M. Reynier, secrétaire du Syndicat havrais des
capitaines au long-cours, me faisait remarquer à
ce point de vue qu'un capitaine, sur la ligne Havre-

New-York, pouvait rester trois jours sans se coucher, en de certaines circonstances. « Prenez un autre exemple, ajoutait-il ; un lieutenant, par beau temps, prend son quart à minuit. Il ne le quittera qu'à quatre heures du matin. Avant l'heure de son service, il lui est difficile de dormir, en raison des habitudes du bord, du bruit des passagers qui vont se coucher après boire. A l'issue de son quart, il fera une ronde. Il sera bientôt cinq heures. C'est le réveil, le lavage du pont. Il aura passé une nuit blanche et, à neuf heures, son déjeuner ne digérera pas. Un jour sur trois, les lieutenants n'ont qu'un repos relatif. »

Les officiers au long-cours broient du noir. Ils se plaignent qu'on ait créé beaucoup trop de longs courriers (500 sont sans place), que les pêcheurs de Terre-Neuve ne soient astreints qu'à une campagne par an, les pêcheurs locaux et côtiers à trois sorties par semaine pour avoir droit à la pension, tandis qu'eux, officiers, ne sont pas considérés comme en service lorsque le navire est désarmé, et bien que leur solde subisse la retenue. Ils s'insurgent contre la modicité de la solde des lieutenants (qui est parfois de 125 francs) et l'impossibilité de passer capitaine directement d'une Compagnie à une autre; ils voient avec déplaisir les officiers de la marine de l'État occuper des postes qu'ils estiment devoir leur être réservés. Ils ont émis l'idée d'être rattachés au pilotage. Celui-ci désignerait, à la demande des Compagnies, les états-majors dont elles auraient besoin. Cette mesure restreindrait sans doute le nombre des officiers de pont qui encombrent le marché. Devenus pilotes de haute-mer, chargés d'un service public, les capitaines au long-cours deviendraient des fonctionnaires, tarifés d'après une loi. Ils affirment que les Compagnies n'ayant plus besoin d'un personnel permanent y gagneraient. Rien n'est moins prouvé.

Pour le cabotage, ils reprochent à la loi de n'exiger pas des officiers brevetés, et estiment que cette lacune est une cause d'accidents. Ils en veulent pour témoignage le naufrage du *Liban*. Bref, ils qualifient la loi de 1907, en ce qui les intéresse, « de texte au-dessous de tout. »

La sentence Ditte, leur a écrit M. Chéron, est applicable aux officiers. Mais, les uns ne croient pas devoir exiger le payement des heures supplémentaires pour ne pas grever l'armement, les autres se plaignent d'être brimés pour avoir réclamé les suppléments.

Tous, d'ailleurs, se félicitent des avantages consentis par la loi de 1907 à leurs subordonnés.

J'ai également interrogé, en conseil, les maîtres au cabotage de Marseille. Ceux-ci sont très mécontents de la loi de 1907. Ils trouvent mal rédigé l'article 21 de la loi, se rapportant au commandement des caboteurs naviguant à 400 milles des ports métropolitains. Ils récriminent contre la loi, parce que celle-ci n'a pas réglé la question, toujours en litige, du commandement des bateaux de Marseille faisant la navigation côtière (plus de 25 tonneaux). Le décret-loi de 1852 exigeait que les bateaux fussent placés sous l'autorité d'un maître au cabotage. Il fut respecté jusqu'en 1895. Depuis, on leur substitua de simples borneurs. Une circulaire du 21 février 1908, malgré leurs réclamations, a même suspendu l'effet de la loi de 1852.

Le corps d'officiers montre donc peu de sympathies pour la législation qui régit actuellement notre marine marchande, législation à laquelle ils trouvent vraiment trop de défauts, et qui ne leur paraît pas avoir sauvegardé leur autorité et leurs intérêts.

Les mécaniciens et la loi.

Les officiers mécaniciens ne pensent point tous à l'unisson. Il m'a paru que, tout en maintenant une certaine cohésion, leurs groupements avaient des vues différentes, et que les réformistes et révolutionnaires jugeaient la situation sous des angles opposés. Tandis que les optimistes — il en est à Saint-Nazaire — estimaient que leur corporation a lieu d'être satisfaite, les pessimistes se répandent en amères récriminations. Les premiers se montrent heureux des avantages qui leur furent concédés par la loi Thomson (retraite fixée à 1.050 francs, et basée sur la possession du brevet et non plus après sept ans de fonctions de chef-mécanicien sur un navire possédant une machine de 1.200 chevaux) et n'en demandent pas plus; les seconds, au contraire, envient les capitaines au long-cours. « Celui-ci bénéficie, disent-ils, d'un pourcentage. Les mécaniciens voient réduire leurs petits profits. Les chargements sont de plus en plus lourds, on brûle, par conséquent, plus de charbon. Nous ne jouissons donc plus des primes sur la réduction de la consommation. Nous devons aussi compter sur le mauvais temps qui nous oblige à une augmentation du chauffage. La prime nous échappe de toutes façons, et nous avons intérêt à voir diminuer le fret. Les capitaines, eux, sur certaines Compagnies, ont des droits sur le millième du charbon, sur la vitesse obtenue. Leur sort est bien plus brillant que le nôtre; nous avons dû, cependant, faire des études sérieuses.

« Cette constatation est d'autant plus regrettable, que nous avons des soldes médiocres. Certains chefs mécaniciens de 3e classe ne touchent que 125 francs par mois. » Et les mécaniciens m'ont prédit un prochain mouvement de leur part. Je crains fort, toutefois, que le Syndicat de Marseille ne soit pas suivi sur ce terrain. On se défie, ailleurs, des visées marseillaises, et l'on a souci de ne pas rendre impossible l'exploitation de l'armement.

Pour la loi de 1907, elle est jugée, en général, défavorablement. Si on lui reconnaît quelques qualités, — elle a en effet, régularisé la situation, et

les mécaniciens, jadis pris entre les armateurs et
les inscrits exigeants, se retranchent aujourd'hui
derrière la légalité — on lui reproche d'avoir été
composée par des gens ignorants et maladroits. On
fondait, dans le milieu des machines, les plus
belles espérances sur la réglementation nouvelle.
Les officiers « d'en-bas » ont été déçus. La loi fourmille d'anomalies criardes. L'article 4 du règlement spécialement prête à toutes les critiques. Il
confère à des chauffeurs la faculté d'être chargés
de la conduite des machines de 500 chevaux et au-
dessous. Or, au jugement des mécaniciens, les
appareils de tous bâtiments sont également déli-
cats, et leur conduite nécessite les mêmes connaissances, le même sang-froid. « La conduite d'un
grand navire nécessite l'emploi d'un personnel,
plus considérable, c'est tout. » Pourquoi accorder
à des « chauffeurs autorisés », ne sachant générale-
ment ni lire ni écrire, ne possédant que des no-
tions vagues sur la machine à vapeur, le droit de
conduire des machines de 500 chevaux, sans autre
justification qu'une année de service sur certains
bateaux, quand hier encore, pour l'utilisation des
mêmes engins, on exigeait des mécaniciens possé-

dant les connaissances théoriques et pratiques
indispensables pour en assurer le bon fonctionnement, et présenter à la sécurité de tous les garanties les plus parfaites ? »

Les chauffeurs en question étaient, avant la mise
en vigueur de la loi, bénéficiaires de dispenses prévues par l'article 46 de la loi du 2 février 1893, mais
ils n'étaient « autorisés » à conduire des machines
d'une puissance supérieure à 100 chevaux qu'après
un examen spécial renouvelé à chaque embarquement. Les mécaniciens réclament donc énergique-
ment l'abrogation de l'article 4 du règlement du
20 septembre 1908. La sécurité sera encore plus
aventurée lorsque les navires seront actionnés par
des moteurs à explosion.

L'article 4 de la loi elle-même a également pro-
voqué parmi les mécaniciens une vive émotion.
Les places d'inspecteurs de la navigation sont réservées aux longs-courriers, caboteurs, ou aux officiers
de marine. Ces officiers ont-ils les capacités indispensables pour visiter utilement les machines ?
« Au moment où le navire est devenu une vaste
usine flottante, entièrement construite en métal, il
eût été logique que l'on confiât la surveillance de

ces divers éléments au métallurgiste, et qu'on ins-
tituât des mécaniciens-inspecteurs; au lieu de cela,
on nous a relégués à fond de cale, et lors des
visites, que nous devrions effectuer, en vérité, notre
rôle consiste à faire l'homme-serpent dans les chaudières parmi la suie, et dans les cales parmi des
amoncellements de matières innommables. »

Les mécaniciens se plaignent, d'un autre côté,
du rôle considérable reconnu par la loi aux Sociétés
de classification, Lloyd et Veritas. Ces Sociétés
ont fait leurs preuves et les arguments présentés
par les mécaniciens nous apparaissent insuffisants.
Les critiques techniques faites à d'autres articles
de la loi et du règlement sont mieux fondées, mais
leur examen dépasserait les limites de cette étude
et ne saurait intéresser le grand public.

Quoiqu'il en soit, on peut reconnaître que les
officiers mécaniciens ne portent pas un jugement
bien favorable sur le nouveau « carcan » destiné à
étouffer la navigation de commerce.

Comment le service général juge la loi.

Les agents du service général constituent un noyau qui n'est pas négligeable. Selon les indications qui m'ont été fournies par un de leurs dirigeants, esprit pondéré et prévoyant, ils formeraient, sur les grands paquebots, un tiers des équipages.

Ils formulent aussi d'assez nombreux desiderata, bien qu'ils se réjouissent des avantages considérables qui leur furent octroyés en ces dernières années. Beaucoup sont inscrits maritimes, beaucoup ne sont pas régis par la loi de Colbert dans leur vie privée. Mais tous, du jour de leur embarquement, sont assujettis à la discipline du décret de 1852 concernant la marine marchande.

La loi sur les invalides cependant, pas plus que les lois sur les accidents du travail, ne leur était applicable.

La loi du 14 juillet 1908 a réparé les oublis antérieurs, et leur a même fait une position privilégiée. Ils versent, en effet, pour leur retraite, et leurs armateurs sont tenus d'y ajouter leur obole, mais les fonds sont centralisés à la Caisse nationale des retraites pour la vieillesse, ce qui leur permet d'augmenter leurs versements, et de s'assurer un repos paisible et doré. Cette situation a déterminé les agents du Havre à s'abstenir de tout mouvement, lors des derniers événements. D'ailleurs, les garçons de cabines et maîtres d'hôtel se sont parfaitement rendu compte des liens étroits qui les rattachent à l'armement, et des intérêts communs qui les unissent. Ils n'ignorent pas que, lors de la grève des P. T. T., soixante passagers de première classe, à New-York, avaient réclamé le prix de leurs billets, que les journaux yankees ont toujours profité de nos chômages pour détourner les Américains de nos lignes, et que la concurrence étrangère demeure à l'affût de toutes nos erreurs. Or, les maîtres d'hôtel et garçons de cabines vivent surtout du public, qui leur attribue des pourboires. Une grève eût rendu infructueuse leur « saison », jeté la perturbation dans leur budget. Ils s'abstinrent de toute agitation. A Bordeaux, leurs camarades pensèrent comme eux.

La dépendance dans laquelle ils se trouvent vis-à-vis des passagers leur fait juger d'un assez mauvais œil la loi de 1907. Ils sont peu partisans du repos hebdomadaire, au Havre comme à Bordeaux. Il n'en est pas de même, toutefois, à Marseille, où la sentence Ditte est lettre de foi. Le secrétaire du Syndicat marseillais m'a cependant avoué que la question n'était pas encore assez étudiée pour recevoir une solution définitive. Peut-être est-on mieux documenté au Havre, car tel président de Syndicat m'a exposé que le repos par roulement était inacceptable. Alors !

Les Marseillais se montrent intransigeants sur le principe de la réglementation du travail : 12 heures en mer, 8 au port d'attache. Ils sont appuyés, sur ce terrain, par les restaurateurs du Havre, qui revendiquent pour eux toute la loi de 1907, tout en reconnaissant que la réalisation de leurs espoirs est presque impraticable. « Le travail est trop dur, si dur que la *coquerie* d'équipage n'est plus assurée que par des charcutiers. » Souvent, m'affirme-t-on, le cuisinier doit rester 17 ou 18 heures devant ses fourneaux.

Les restaurateurs, cuisiniers, coqs, boulangers, bouchers, trouvent la loi fort incomplète. Elle aurait dû élucider le problème du repos hebdoma-

daire pour les agents du service général, assurer
à ceux-ci plus de stabilité dans leur emploi, — ce
qui, pour parler franc, veut dire qu'elle eût dû inter-
dire les « désarmements », et même augmenter les
salaires.

Plus judicieuses sont d'autres observations du
service général et la plupart des armateurs s'y sont
ralliés. La loi exige que les postes soient agrandis.
Ceux du personnel général, situés au centre, étaient,
il est vrai, assez réduits. Le linge usé y séjournait.
L'hygiène y laissait à désirer, il faut le reconnaître; la loi y a avisé, ce n'est plus qu'une affaire de
temps. A ce point de vue, les intéressés ont tout
lieu de se féliciter de la nouvelle législation. Ce
n'est point, sans doute, une raison pour demander
chaque jour davantage.

VI

Les Inscrits de la grande navigation
et l'application de la loi.

Les officiers émettent des vœux, les agents du service général revendiquent : les inscrits de la grande navigation, marins, chauffeurs et soutiers, sont plus impératifs encore. Le citoyen Rivelli, nouveau Louis XIV, sans aller jusqu'à proclamer que l'État c'est lui, se targue ouvertement de faire la loi et de la défaire à son gré. Il se f... du ministère, de la France et de la loi. De fait, il exerce à Marseille une véritable dictature.

En attendant de briguer quelque siège législatif, couronnement de sa carrière de tribun, il défend avec âpreté les prétentions du prolétariat maritime, arrachant lambeaux par lambeaux, à l'armement, tous espoirs et tarissant la richesse à sa source profonde.

Sous son égide et celle du jeune Réaud, esprit lucide, précis et avisé, le corps des inscrits modifie la législation à son profit et pétrit la loi de 1907 dans son intérêt; des conflits sans cesse renaissants causent à l'armement marseillais, nerveux, inquiet, troublé, de perpétuelles alarmes.

La sentence Ditte avait été pour le Syndicat phocéen une victoire inespérée. Rivelli — il en a fait un jour l'aveu, — avait obtenu plus qu'il n'attendait. Mais le chef des inscrits, dans un monde où la surenchère est de rigueur, a dû aller de l'avant. Esclave de son Syndicat, il est entraîné à de nouvelles revendications. Si l'on n'y souscrit, il lance l'appel à la grève et la cohorte des syndiqués lui obéit, avec une merveilleuse discipline. Les hésitants, et ils sont légion, ne tardent pas à suivre le mouvement, de peur de représailles. Un petit fait témoignera de l'autorité du citoyen Rivelli à Marseille. Au cours de la dernière grève des peintres, « le dictateur » — le mot est d'un syndiqué d'un port de l'Atlantique — s'opposa à ce qu'on fit peindre un bateau par quatre hommes non grévistes et n'appartenant pas à la corporation en chômage.

Dans ces conditions, on peut déjà prévoir que

les inscrits marseillais font bon marché des difficultés dans lesquelles se débattent les armateurs. Ils discutent sur la sentence Ditte du 3 juillet 1909. M. Ditte dit, en ses considérants de l'article 2. « qu'il semble contraire à l'esprit général et au but de la législation qui prescrit le repos hebdomadaire dans un intérêt d'hygiène et de sécurité des travailleurs, de remplacer *habituellement* ce repos par des allocations supplémentaires ». Les inscrits jugent que le mot « habituellement » n'exclut pas la possibilité de compenser les repos par de l'argent. Ils ont ainsi pour objectif — le cas est fréquent — une augmentation de la solde.

Sur les caboteurs, les repos sont difficiles à donner à l'équipage ; les inscrits veulent qu'au bout d'un mois. délai maximum. le repos dû soit accordé sous forme de compensation au besoin. Les Compagnies objectent que la sentence Ditte s'oppose à une compensation en numéraire. Les inscrits répliquent que les armateurs peuvent appliquer le repos par roulement, en augmentant les effectifs d'un septième. Il est facile de se rendre compte de l'accroissement de la dépense qui en résulterait pour l'armement.

Ils reprochent aux officiers mécaniciens de ne pas accorder au personnel des machines le repos qui lui est dû et de fondre le repos compensateur, au retour de voyage, avec le repos normal du jour d'arrivée (pour les chauffeurs ayant déjà fourni leurs huit heures de service).

Ils veulent que les repas soient pris non pendant les heures de repos, mais pendant les heures de travail. Sur certaines grandes Compagnies, ils ont eu satisfaction, mais quelques armateurs résistent à ces prétentions, qu'appuie l'administration, et refusent de payer en heures supplémentaires les temps consacrés aux repas. Ils demandent le repos à terre. Demain ils l'exigeront à Marseille même. La loi ordonne « que le chauffeur ne puisse, même pendant son quart, être distrait du service de la chauffe ». Craignant (?) que le rôle du chauffeur ne soit quelque jour élargi, ils trouvent la formule trop vague et réclament un texte plus précis. Le compromis du 26 juin 1909, qui précéda la sentence Ditte, avait interdit les travaux « abusifs » de nuit. « Voici, clament les inscrits, un mot tout à fait discutable. » Ils revendiquent donc une rétribution spéciale pour les heures de manipulation de marchandises, surveillances de treuils, palans, etc., effectués la nuit par les hommes, *fussent-ils de quart*, quand le navire est sur rade ou dans un port.

L'armement fait observer à ce propos qu'il est bien difficile de préciser où commencent les manœuvres; par exemple, la fermeture des sabords (il y en a huit et douze sur les paquebots), demande un quart d'heure de travail par sabord, et est indispensable à la sécurité du navire. Qualifiera-t-on l'opération de manœuvre à rétribuer à part?

L'article 27 dit qu'au port les hommes doivent dix heures de service, veille comprise. Ils se retranchent derrière cette prescription pour réclamer la création de gardes de nuit, en dehors de l'équipage, ainsi que cela se pratique aux Compagnies Paquet et Fabre.

Ils estiment que les hommes du pont ne doivent aucun service aux escales; ceci pour éviter de remplacer, au besoin, des dockers en grève. Ils appuient les desiderata des mécaniciens visant l'inspection des machines par des gens « ignares », ils défendent avec passion l'emploi des alimenteurs.

Surtout ils font une campagne monstre contre

la nourriture qui leur est allouée. Par curiosité, j'ai feuilleté un menu de paquebot. Voici ce que j'y ai lu :

De 5 à 6 heures du matin : café, sucre, pain.

A 8 heures, déjeuner : haricots en salade ou sardine, ou *trois* œufs, ou lentilles, pain, un quart de vin.

Midi : un plat de viande avec légumes, ou bœuf macaroni, pain, un quart de vin; l'été, eau fraîche.

5 heures, souper : potage, bœuf bouilli ou garni, rôti, salade.

La loi spécifie qu'on doit donner à bord la nourriture de la flotte armée. Si les marins de l'État exigeaient un tel programme, M. Chéron serait contraint de faire augmenter son budget.

Les inscrits, qui ont obtenu parfois de l'administration, au Havre par exemple, que la nourriture des jours de repos à terre leur soit payée en argent (au taux de 1 fr. 55, selon un jugement du tribunal de commerce de Marseille du 10 mars 1907 qui a fixé la valeur journalière de la nourriture), les inscrits voudraient bien recevoir en numéraire tout ce qui sert à leur alimentation. Dernièrement, un équipage a refusé le sucre qu'on lui distribuait et demandé qu'on lui donnât l'argent qu'il en coûtait pour chacun, afin que tout homme pût faire lui-même son acquisition. Un autre ne veut plus boire son café et exige qu'on lui fournisse le café « en grains ». Toutes ces exigences sont repoussées en général, par l'armement, qui juge le payement en argent impossible, car les inscrits ou se nourriraient mal ou pourraient, quelquefois, jeûner faute d'approvisionnements ou bien faire du trafic avec les cambusiers, au détriment des passagers.

Cette question de la nourriture n'est pas soulevée seulement à Marseille. Elle se pose à Dunkerque. Au Havre, le citoyen Montagne a sorti d'un volumineux dossier, à mon intention, des liasses de lettres de marins gémissant sur leur alimentation. Celui-ci écrit : « la nourriture est mauvaise, toujours la même » ; celui-là se plaint qu'on lui remet toujours 75 grammes de lard salé de moins qu'il n'a droit et 50 grammes de moins de viande de conserve ou d'endaubage. Un troisième trouve le pain qu'on lui présente « moisi » ; un tel, de San-Francisco mande que le menu ne se compose que de lard salé, d'endaubage et de « fayots ». Cet autre n'a pas assez de 800 grammes de pain pour deux jours. Il me serait facile de préciser. J'ai sous les yeux lettres et noms. S'il est vrai que de rares armateurs puissent enfreindre volontairement la loi, il est à supposer que les inscrits poursuivent un objectif, se faire verser en argent la contribution de nourriture qui leur est due. Cette méthode est pratiquée d'ailleurs dans le Nord de la France. Elle peut paraître profitable dans la navigation côtière ; elle semble dangereuse dans la grande navigation.

Toutes ces revendications sont formulées à Marseille sur un ton de commandement. Au Havre, le prudent Montagne se montre moins agressif. D'ailleurs, on est plus calme au Nord et à l'Ouest qu'au Midi. A Bordeaux, par exemple, on voit les choses de plus haut, peut-être parce qu'on y a le tempérament moins vif, comme me l'assurait le citoyen Buscaillet, conseiller général, et esprit rassis, ou bien parce qu'on juge trop bouillant et nerveux le camarade Rivelli. La loi de 1907... y est appliquée sur les grands bateaux, mais les inscrits syndiqués, qui s'adonnent plus spécialement au bornage de rivière, n'en ont cure. Le repos hebdomadaire, le chômage du dimanche, les heures supplémentaires, on ne veut en entendre parler. La loi lèse trop d'intérêts. Encore moins faut-il la vanter devant les chalutiers d'Arcachon, qui s'écrient « qu'on veut les affamer »!

À Saint-Nazaire et Nantes, on attend avec curiosité les entreprises des inscrits marseillais. La loi de 1907, au témoignage des dirigeants du syndicalisme, a rendu des services précieux aux marins, mais on éprouve quelque scepticisme quant à son application. Chose curieuse, et digne de remarque, ce n'est point du côté de l'armement qu'on craint de la résistance, mais bien de la part des officiers, dont on appréhende l'apathie. « Ils auront peur, me disait-on, de perdre leur prestige, ils feront litière de la loi. N'est-ce point à cet état d'esprit qu'il faut attribuer la dernière grève de Saint-Nazaire? »

D'ailleurs, à Saint-Nazaire comme au Havre, comme à Bordeaux, je dirai même comme à Dunkerque, les inscrits, même syndiqués, font grise mine aux restrictions apportées par la loi de 1907 à la liberté du travail. Ils admettent difficilement le despotisme d'une législation qui se retourne contre eux. Ainsi sont-ils obligés d'être « débarqués » du bâtiment auquel ils sont attachés, pour jouir d'un repos compensateur « obligatoire », lorsque le navire est contraint de repartir avant l'expiration de leur repos. On a vu les inscrits refuser l'application de la sentence Ditte au Havre, sur les navires *Guadeloupe*, *Québec*, *Pérou*.

Les Havrais, en outre, montrent une méchante humeur vis-à-vis de la loi comme vis-à-vis de l'administration. Ils reprochent à l'État de ne pas régler les pensions, et de faire attendre les ayants-droit. On m'a cité le cas d'un chauffeur qui, depuis le 20 février 1907, n'a pu faire régulariser sa situation de retraité.

Même mauvaise volonté, m'ajoute-t-on, pour les pensions en suite d'accidents. Le trésorier du Syndicat havrais attend depuis trois ans et demi la liquidation de ses droits. Et les fers, qu'on proclame supprimés, et dont l'usage est maintenu! Le citoyen Montagne se plaint, également, de l'insuffisance du personnel des inspecteurs de la navigation. « Au Havre, ils ne sont que trois, et ont dû effectuer 800 visites en six mois; tandis qu'à Marseille, les six inspecteurs n'ont fait que 900 à 950 visites, et pourtant ils se déclarent surmenés. »

Ces inspecteurs seraient, de plus, « insuffisamment armés ». Mais les Havrais, malgré l'énervement que leur causent ces difficultés, n'osent point soulever le monde des inscrits. Ils craignent, en effet, que le mouvement ne réussisse pas, et que dans ce cas, les syndiqués ne désertent le Syndicat, et ils témoignent d'une grande prudence.

Les Boulonnais-Dunkerquois eussent voulu que la loi interdît les « débarquements ». Sans doute, sont-ils plus audacieux encore que les camarades de Rivelli, car ils voudraient voir insérer dans la loi un article enjoignant à l'armement de n'engager que des syndiqués. Les armateurs n'auraient plus qu'à désarmer leur flotte.

*
* *

J'ai voulu savoir ce que les pêcheurs pensaient de la loi de 1907. Leurs réponses ne manquent pas de piquant. Cependant, il faut distinguer nettement les pêcheurs syndiqués des pêcheurs libres, et dans les premiers, ceux qui ont été « impressionnés par Rivelli » des autres.

Les pêcheurs libres, qui sont aussi inscrits maritimes, ne ménagent pas non plus leurs critiques aux entreprises du Syndicat marseillais. « Les inscrits du commerce ont trop obtenu; aujourd'hui, ils exigent trop, et finiront par tuer la poule aux œufs d'or. Il est inadmissible que celui dont les parents ont mis de côté quelques sous les mange obligatoirement et bénévolement pour satisfaire aux exigences de ceux qu'ils font vivre. »

Les pêcheurs syndiqués n'appartiennent pas, en général, à la Confédération du Travail. Tel est le cas du Syndicat de Toulon. Jadis, cette ville possédait une Union syndicale des marins, affiliée à la rue Grange-aux-Belles. Cette Association tomba à dix-huit membres. Elle fut réorganisée le 1er janvier 1908 par un ancien inscrit, M. Poggio, qui brisa les liens qui retenaient le groupe à la C. G. T. Les éléments qui composent le Syndicat toulonnais sont surtout des pêcheurs ou des lesteurs faisant le transport du sable. Comme syndiqués, les collègues de M. Poggio se déclarent solidaires des inscrits, mais comme hommes ils manquent d'enthousiasme pour les utopies et les exigences des Marseillais.

Par contre, les « confédérés » du Nord montrent les dents et émettent des prétentions. Ils se plaignent de n'avoir pas le temps de manger, du 1er novembre au 1er février, sur les chalutiers. Ils déclarent que la loi n'a pas envisagé leur cas et qu'ils ne devraient pas travailler plus de dix heures par jour, sauf pour le débarquement du poisson. Ils sont furieux de la réglementation touchant les mousses et novices. Elle est impossible à appliquer, en fait, pour la pêche du hareng qui exige un travail uniquement de nuit.

Il s'en faut, toutefois, que les adhérents à la Confédération, pêcheurs, témoignent d'un même état d'animosité. Ils sont, cependant, du Midi, ils sont en relation avec les turbulents navigateurs de Marseille, ils vantent les bienfaits du syndicalisme, et font preuve de véritable solidarité sociale en embarquant des hommes supplémentaires afin de leur assurer la demi-solde pour leur vieillesse, ils admettent que le patron paye double à la Caisse des invalides, sans compensation, ces pêcheurs de Collioure, ils sont modernes dans leur façon de voir. Mais, néanmoins, ils reprochent aux marins du commerce de ne pas savoir se contenter des avantages consentis par la loi de 1907, et, ces loups de mer, qui naviguent dans le dangereux golfe du Lion, donnent la note juste au milieu de ce conflit d'appétits syndicalistes.

VII

L'indiscipline, les grèves et l'administration maritime.

« Un navire ne saurait être assimilé à un atelier de terre. Qu'arriverait-il si un équipage, en mer, refusait l'obéissance, violait la discipline? Celle-ci est indispensable. Il ne faut pas que l'autorité du capitaine soit entamée ». Qui parle ainsi? Un de ces armateurs féroces et rapaces dont le syndicalisme fait son épouvantail? Non point. Ces paroles sages sont du citoyen Réaud, l'un des piliers de l'organisation marseillaise. Le citoyen Buscaillet juge « inadmissible l'indiscipline dans le service de mer ». Mieux, entr'ouvrons le Cahier de bord, remis par l'Union syndicale des marins du commerce aux délégués, pont et machine, dont elle a imposé la présence aux Compagnies sur chaque bâtiment. On y lit ces lignes, au frontispice du cahier :

Si, à terre, les syndiqués sont des *hommes libres*, pouvant et devant lutter pour l'amélioration de leur sort, à bord, ils sont avant tout *marins*.

Comme tels, vous avez des devoirs à remplir qui peuvent se résumer ainsi :

Respect de l'autorité de vos supérieurs ;

Discipline intégrale, obéissance parfaite, qui n'ira cependant pas jusqu'à la passivité ; dévouement, solidarité.

Ces devoirs n'ont jamais été méconnus par vous ; vous avez donc le droit de réclamer de vos supérieurs la réciprocité.

Le Syndicat et le décret-loi de 1852 sauront, le cas échéant, la leur imposer.

Cependant, jamais l'armement n'a été plus inquiet qu'à notre époque. Tous les jours, on voit des navires armés, prêts à partir, c'est-à-dire sous pression, arrêtés par la volonté des équipages quelques instants avant le départ. Au moment précis où le capitaine donne l'ordre de larguer les amarres, pour appareiller, on voit des matelots ou des chauffeurs présenter une revendication quelconque, et refuser de partir. Le navire reste donc amarré au port, et des discussions interminables s'engagent entre le capitaine, l'armateur, l'équipage et l'autorité maritime, tandis que les passagers se morfondent et protestent. Parfois, même, des inscrits se révoltent en pleine mer, en dépit de la tempête et des dangers encourus.

Précisons. A Marseille, le 21 mai 1909, à midi moins cinq, au moment où le capitaine de la *Ville-de-Madrid* veut mettre son équipage au poste d'appareillage, le personnel du pont débarque sous prétexte qu'on devait lui payer la journée du dimanche 16 mai, passée à Mostaganem, alors qu'il avait reçu et accepté ce repos dans la journée du 14 passée à la mer.

Or, l'article 28 de la loi du 17 avril 1907 spécifie que : « le capitaine pourra choisir un autre jour que le dimanche pour le repos hebdomadaire. »

Le 29 juillet, brusquement, l'équipage de la *Ville-d'Oran* met sac à terre.

Vers la même époque, l'électricité ayant fait défaut dans les chaufferies d'un paquebot de la Compagnie Fraissinet, les chauffeurs refusent d'allumer les lampes à huile de secours.

Le 20 août, le personnel machines du *Duc-de-Bragance* refuse de partir, si on ne lui paye pas sans délai des suppléments pour les heures de nuit passées à bord à Alger et à Marseille.

Le 25 août, les hommes de la *Ville-de-Bône* refusent le départ si on ne leur paie pas la nourriture du jour. Le 30, nouvel incident sur le *Malcina*.

Le courrier de Syrie est sous pression. A quatre heures et demie, on ne peut présager aucune défection. A cinq heures, au moment où le sifflet va donner le signal du départ, tout le monde quitte le navire.

Le 8 septembre, le *Calédonien*, des Messageries Maritimes, est sur le point de quitter Marseille pour l'Extrême-Orient. Le Syndicat demande le débarquement des non syndiqués. La Compagnie s'y refuse. Le Syndicat envoie des délégués pour s'opposer au départ. L'équipage pont et six hommes de la machine, craignant de s'exposer à des représailles, cèdent à la menace. On doit constituer au bateau un équipage de fortune.

Fréquemment, des inscrits se font mettre au rôle, mangent, pendant trois ou quatre jours, aux frais de l'armateur, puis se refusent à travailler.

Le 10 septembre, les inspecteurs de la navigation visitent le paquebot *Moïse*. Les hommes déclarent n'avoir rien à réclamer. A 11 heures 30, les soutiers s'opposent à la descente sous prétexte qu'on doit engager trois soutiers de plus, contrairement aux exigences de la loi. Les chauffeurs font cause commune avec eux. Le bateau-poste part de Marseille avec vingt-cinq heures de retard.

Les menaces et les coups ne sont pas épargnés au besoin.

Sur le *Germania*, deux hommes sont rossés d'importance à leur arrivée à Marseille, pour avoir travaillé durant la grève qui s'était terminée un mois plus tôt. Sur le *Venezia*, on signale un incident analogue.

Des événements plus graves encore causent une vive émotion parmi les armateurs.

Celui-ci, commandé de service, abandonne le quart; celui-là prend le quart de sa propre autorité. Sur l'*Oued-Zebou*, de la Compagnie Paquet, un marin est insolent vis-à-vis du capitaine — le fait est courant. A Oran, celui-ci veut débarquer l'homme. L'inscription maritime s'y oppose. Rentré à bord, l'homme tire des coups de revolver et blesse quelqu'un. On arrête le meurtrier. L'équipage déserte le navire.

Le 18 septembre, en mer, le mécanicien-chef du *Moïse* désigne un soutier pour descendre en remplacement d'un inscrit malade. Le soutier commandé se dit malade. Le médecin du bord ne le reconnaît pas comme tel. Le capitaine Agaccio donne à nouveau l'ordre au soutier d'obéir. Nouveau refus du soutier. Le commandant le menace de le débarquer à l'arrivée. A la relève du quart, les chauffeurs et soutiers font connaître au commandant qu'ils ne descendront pas, s'il ne s'engage à ne pas débarquer le soutier et à ne pas le punir. La mer est démontée, il y aurait danger à éteindre les feux. Le commandant doit donner sa parole d'honneur qu'il fera le silence sur l'incident.

Les inscrits ne savent quoi imaginer. Ils boudent contre leur ventre pendant plusieurs jours, parce que la nourriture ne leur sied pas. Ils déclarent sérieusement qu'on ne saurait considérer les pommes de terre comme légumes le fait a été reconnu à Philippeville par des délégués devant les autorités ; ils refusent une soupe dans laquelle sont tombés deux grains de blé, un ragoût au fond duquel une mouche s'est égarée. C'est l'anarchie complète, quand ce n'est pas la grève et ses ruines.

Ailleurs qu'à Marseille, les incidents sont plus rares, parce que les équipages sont en partie composés de « vieux et fidèles serviteurs », mais le mauvais ferment se lève.

Au Havre, un mouvement de grève brusque n'est arrêté que parce que le Président de la République est sur le point d'honorer la ville de sa visite.

A Bordeaux, deux chauffeurs du *Président Leroy-Lallier* quittent brusquement le bord, parce que le capitaine ne veut pas les débarquer.

A Dunkerque, le vapeur *Tunisie* est sous pression. L'équipage, à la dernière minute, refuse l'embarquement.

Sur la *Ville-de-Rochefort*, les feux étant allumés, les hommes mettent sac à terre deux heures avant le départ.

Les capitaines et officiers déclarent qu'ils sont « débordés », et qu'ils ont hâte de quitter la navigation. Devant la violation flagrante du décret-loi du 24 mars 1852, qui impose à l'inscrit maritime d'exécuter le contrat qui le lie à l'armateur lorsqu'il a été enrôlé, et d'obéir à ses chefs, les pouvoirs publics ne font pas peser leur autorité, et manquent à la mission qui leur incombe.

Ce n'est pas d'aujourd'hui, d'ailleurs, que date la « veulerie » de l'administration vis-à-vis des inscrits, malgré l'arme des articles 65 et 66 du décret-loi de 1852.

Sous le ministère de M. Lockroy, des attitudes répréhensibles avaient été tolérées; M. de Lanessan continua cette détestable tradition. Mais ce fut M. Pelletan qui porta le coup le plus funeste à la discipline en assurant que les inscrits n'étaient pas des soldats, qu'ils devaient être de leur temps, faire grève pour obtenir satisfaction, enfin, en un mot, qu'ils pouvaient se considérer comme de vulgaires ouvriers sans devoirs particuliers. (*Officiel* du 17 septembre 1904.)

Les derniers ministres de la rue Royale n'ont pas désavoué leurs prédécesseurs. M. Picard fait connaître au Comité des armateurs qu'il ne saurait user du décret de 1852. M. Chéron, sous-secrétaire d'État actuel déclare formellement qu'il ne fera pas appliquer la loi.

Les administrateurs de l'inscription maritime ne sauraient être plus royalistes que le ministre. Ils font même assaut d'empressement pour s'assurer les bonnes grâces des Syndicats, qui se substituent ainsi à eux. Le ministère ne communique-t-il pas fréquemment, par dépêches officielles, avec les meneurs, et M. Rivelli n'est-il pas l'ami intime de M. Pelletan?

Un syndiqué aura le droit de frapper du poing sur la table de M. l'administrateur; mais s'il s'agit des armateurs, l'attitude se modifie. On ne leur communique pas les circulaires de M. le sous-secrétaire d'État qui les intéressent, ou on ne les leur adresse que lorsqu'un incident a été soulevé par les inscrits à propos de cette circulaire, — dont les Syndicats ont copie. A Marseille, on a ainsi laissé ignorer à l'armement, durant quatorze jours, une circulaire touchant le repos hebdomadaire du pont.

Aux plaintes des Compagnies, on répond : « Le gouvernement est très monté contre vous, ne créez pas d'incidents », ou bien : « Les plaintes en désertion ne seront prises en considération qu'après trois jours d'absence » (11 juin 1909). Tantôt on écrit ou dit : « Vous avez raison, mais entendez-vous avec le Syndicat, nous ne pouvons agir », tantôt « nous avons l'ordre d'être très coulants avec M. Rivelli ».

M. Pénissat se préoccupe de faire partir les « bestiaux », mais ne s'intéresse pas aux passagers (16 juin 1909).

On va jusqu'à trouver des biais pour ne pas poursuivre les coupables. Ainsi, le 11 juin, l'administration déclare ne pouvoir prendre en considération une plainte pour abandon de la *Ville-de-Tunis*, parce que les chauffeurs n'ont pas été embarqués par la marine. Or, la marine, pour éviter aux chauffeurs d'être malmenés, avait accepté de ne pas les mettre sur le rôle.

Ou bien encore, on répond à une Compagnie :

Attendu qu'en raison de l'importance considérable du mouvement général d'abandon du navire, il n'est pas matériellement possible à l'administrateur de la marine de faire rechercher et réintégrer à bord de leurs navires, par les soins de la gendarmerie maritime, les marins absents, et d'assurer, d'autre part, autour du navire un service de garde préventif, vous donnons acte de l'impossibilité dans laquelle vous vous trouvez de reconstituer vos équipages et d'assurer en temps utile le départ de vos navires (26 mai 1909).

Une autre fois, on s'excuse de ne pas « agir » car on a été prévenu qu'une grève éclaterait, si l'on

faisait respecter la loi. On va plus loin. On affirme
à tel armateur que tel collègue accepte telles conditions des inscrits pour l'engager à suivre le mouvement.

Un autre procédé consiste à ne pas répondre du
tout aux lettres de l'armement, ou à répondre tar-
divement. Une lettre du 6 avril reçoit une réponse
le 24.

On a très justement apprécié le rôle de l'administration en disant : « Elle se fait un malin plaisir de brouiller les cartes, et disparaît chaque fois
qu'il s'agit de départager armateurs et inscrits, ou
de faire observer les règles les plus élémentaires
de la discipline ».

Et ceci est vrai non seulement à Marseille et à
Dunkerque, mais à Bordeaux, au Havre, à Alger, à
Oran.

Et, cependant, il n'y a qu'une voix en France
pour protester contre les exigences et les actes des
inscrits. Écoutez plutôt les doléances des Chambres de Commerce :

Il est constant que ceux qui dirigent la main-d'œuvre,
mis par la loi en possession d'une arme de défense, le

Syndicat, l'ont transformée, en même temps que détournée de son but, qu'ils en abusent, qu'ils se servent d'un droit légal pour un but illégal, et qu'il ne saurait être admis que ce qui est interdit à un individu soit licite pour la collectivité, et surtout pour la coalition illicite elle-même (Chambre de commerce d'Alger .

La Chambre de commerce de Reims se prononce dans le même sens.

Le Comité de défense des intérêts du commerce marseillais proclame de son côté :

Il est inadmissible que les obligations réciproques entre armateurs et marins ne soient pas exécutées. L'exécution des engagements doit dominer le droit de grève. Les lois maritimes doivent être maintenues. Il faut une sanction au dommage que cause l'inscrit en désertant son navire.

Les grèves portent un préjudice énorme au commerce, aux travailleurs, à la navigation. Mais les actes d'indiscipline permanents ne sont pas moins nuisibles. Dans l'incertitude des départs, passagers et marchandises désertent nos navires au profit de la concurrence étrangère. La comparaison entre les chiffres de 1908 et de 1909, pour la période du 24 mai au 5 juillet, relevés par le distingué ancien agent général de la Transatlantique à Marseille, M. Japhet, aujourd'hui sous-directeur de la Compagnie, est à cet égard édifiante. En 1909, les inscrits étaient en grève.

En 1908, les paquebots de la Compagnie ont transporté à Alger 15 passagers de 1re classe, 96 de 2e, 177 de 3e, 287 de 4e classe et 2.300 tonnes de marchandises de plus qu'en 1909. Ils ont amené d'Alger 207 voyageurs de 1re classe, 338 de 2e, 287 de 3e, 254 de 4e, 2.542 tonnes de marchandises et 26.000 moutons de plus que cette même année.

Il en est résulté, en 1909, une perte sèche, par rapport à 1908, de 147.831 francs. Et dire qu'il suffirait d'une intervention énergique des pouvoirs publics pour changer la face des choses. Le 31 août, M. Chéron témoignait de quelque fermeté. Son attitude étouffa les germes d'un conflit naissant.

VIII

La suppression de l'inscription maritime.

Dans un remarquable discours, prononcé au Havre au mois de juillet dernier, M. J. Charles-Roux, avec toute l'autorité qui s'attache à son nom, a préconisé la suppression de l'inscription comme le seul remède à la crise dont souffre la navigation. C'est un thème qu'il avait d'ailleurs exposé dans plusieurs circonstances. A de très rares exceptions près, l'avis de l'éminent président de la Compagnie générale transatlantique est partagé par les armateurs.

« Cette suppression me semble la seule solution raisonnable » me disait l'un des plus distingués chefs de l'armement marseillais.

Les motifs qui l'ont fait établir il y a bien longtemps n'existent, en effet, plus de l'avis des gens autorisés.

L'inscription a été instituée avec un triple objet : 1° assurer le recrutement de la marine de guerre ; 2° fournir à la marine de commerce les éléments qui sont indispensables à son fonctionnement ; 3° maintenir sur les navires la discipline quasi-militaire que les dangers du métier de la mer rendent obligatoire.

Les armateurs font valoir, à l'appui de leur desideratum, qu'au point de vue militaire il n'est plus utile d'avoir des marins, ou très peu, et l'élément pêcheur, qui ne saurait disparaître, suffirait à donner à la flotte les quelques matelots de pont nécessaires. Ce qu'il faut, aujourd'hui, à nos unités de combat, ce sont des mécaniciens, des électriciens, des canonniers. On pourrait parfaitement les recruter hors de l'inscription maritime. Cette évolution, d'ailleurs, n'est point propre à la marine de guerre. La disparition des voiliers a réduit sensiblement le nombre des véritables matelots.

L'Angleterre, l'Allemagne, les États-Unis, dont on ne saurait nier la puissance maritime, n'ont pas d'inscription et cependant ces États n'éprouvent aucune difficulté à constituer leurs équipages de combat. Cet argument paraît irréfutable. Il convient d'ajouter que, pour la flotte armée, il faut des soldats, non des révoltés, des hommes de l'État pour l'État.

En second lieu, le recrutement de la marine de commerce ne semble pas devoir être plus complexe, après la suppression de la législation colbertienne, qu'il n'est à l'étranger, d'autant plus qu'on a plus particulièrement besoin de mécaniciens.

Enfin, et surtout, la discipline ne pourrait être moins observée qu'à notre époque. Il suffirait d'insérer au contrat qui lierait armateurs et salariés des clauses susceptibles de l'assurer, ainsi que l'armement de Dunkerque le pratique avec les dockers. Or, depuis six ans, date de l'application de ce système, les dockers de notre grand port de la mer du Nord ont témoigné de beaucoup plus de calme et de sagesse qu'autrefois.

On objectera que la suppression de l'inscription maritime rencontre un obstacle financier qui n'est point à mépriser. L'État a la garde du trésor des Invalides. Il y a puisé, parfois, très largement pour des besoins autres que ceux de la marine : 6 millions en 1740, 40 millions en 1794, 80 millions de

1805 à 1814, 50 sous la Restauration, 4.500.000 sous le Second Empire.

« La caisse des Invalides n'est pas intacte, disent les inscrits, il faudrait rendre des comptes, combler peut-être le déficit. »

Cet argument, contesté du reste par l'administration de la marine, ne suffirait pas à expliquer la résistance du gouvernement à délivrer la navigation de commerce des entraves qui arrêtent son développement. « Il faudra bien, quelque jour, ajoutent les inscrits, quoi qu'on dise, et quoi qu'on fasse, débrider la plaie, mettre à nu la situation ». Déjà, en 1907, lors de la grève des inscrits, ceux-ci ont réclamé des comptes de gestion de ce qu'ils appellent « leur argent ». Demain, ou plus tard, le prolétariat maritime saura exiger et obtenir satisfaction.

Si l'on admet, en outre, que les dangers de la navigation — ceux de la grande navigation sont un leurre, car les naufrages sont de moins en moins fréquents, — doivent comporter une compensation, rien n'empêche de maintenir les versements obligatoires du personnel navigateur et de ses employeurs. Les fonds seraient versés non plus à la

Caisse des Invalides, mais à la Caisse nationale des retraites pour la vieillesse. Cette méthode a été suivie pour les agents du service général, ainsi que nous l'avons rappelé; elle peut être élargie. D'ailleurs, on a supprimé naguère la trésorerie des Invalides pour rattacher la Caisse à l'Inscription maritime. On ne pourrait prétendre qu'une mesure analogue, agglomérant la comptabilité des fonds de la marine de commerce à celle du Trésor, causerait une grande perturbation financière.

En vérité, si l'on fait du marin pêcheur, sur le sort duquel nous reviendrons, une catégorie spéciale de citoyens, rien ne s'oppose plus au maintien d'une institution surannée, et qui n'avantage, en fait, que les inscrits.

L'armement trouverait profit à cette suppression et notre marine marchande serait mise en état de lutter à armes égales avec la concurrence étrangère. Comme leurs rivaux, nos armateurs pourraient former leurs équipages à leur gré et bénéficieraient ainsi de la même liberté que tous les autres industriels du territoire. « Nous voyons à côté de nous des fabricants d'huile, de savons, recruter leurs ouvriers où bon leur semble, m'a dit un armateur, et nous ne comprenons pas pourquoi cette liberté nous est refusée, pourquoi on nous impose un personnel, pourquoi ce personnel jouit d'immunités particulières dont sont privés les ouvriers de l'industrie, sans que, en compensation, il existe une garantie quelconque à notre profit? »

En cas de grève, l'armement libéré pourrait faire face à ses engagements. Il en est actuellement incapable. Il est livré, pieds et poings liés, à la merci de son personnel. A Dunkerque, par exemple, la proximité de la Hollande permettrait, au besoin, l'emploi de marins néerlandais. A Marseille, on pourrait s'adresser à des Levantins, à des Italiens. Par là, on diminuerait, dans une notable proportion, les incidents et les désertions. Au point de vue de l'intérêt général, ce serait tout bénéfice.

Soumis au droit commun, les marins du commerce seraient justiciables des tribunaux communs. Ils ne pourraient plus rompre leurs contrats comme de notre temps. En Angleterre, où l'armement fait ce que bon lui semble, on applique des sanctions légales à la rupture des engagements. Il

en résulte plus de stabilité, plus de confiance pour
l'armement. Chez nous, l'action de l'inscription sus-
pend, si l'administration n'agit pas, toute justice.

Enfin, au point de vue social, il est infiniment
regrettable de perpétuer une Caisse réglementée
comme celle des Invalides. C'est une prime à la
paresse. La Corse est peuplée de gens de quarante-
cinq ans, ayant déjà leurs trois cents mois de navigation, et qui attendent, dans l'inaction, leurs cinquante ans, afin de toucher leurs Invalides, tandis que, dans nos ports, nombre de places sont
absorbées par des retraités jeunes qui peuvent se
montrer peu exigeants sur les salaires, parce que
déjà nantis.

L'inscription maritime n'offre d'avantages qu'aux
inscrits; elle est essentiellement nuisible à l'armement. Elle coûte à l'État.

Elle s'est suicidée elle-même lorsque, sous le
couvert de la loi de 1884, les inscrits se sont
groupés en Syndicats, et se sont ainsi mués eux-
mêmes en ouvriers, quand l'administration, char-
gée de régler les conflits entre salariés et
employeurs, et d'appliquer les lois disciplinaires, a
commencé à se borner à l'enregistrement des rôles.

Cela est si vrai qu'un administrateur, dont je tairai le nom, pour ne pas l'exposer aux foudres du syndicalisme, avouait, il y a quelques semaines, qu'étant donnée la mission restreinte de l'administration, elle n'avait plus qu'à disparaître. Un juge ne peut subsister que lorsqu'il peut juger en toute sincérité.

Les rares adversaires de la suppression objectent, les uns qu'il suffirait d'appliquer le décret de 1852 (ceux-là n'envisagent qu'une face du problème), les autres que l'inscription est un rouage indispensable entre le commandement et les inscrits (ils n'ont qu'à considérer la navigation étrangère pour voir combien ce rouage est inutile), enfin les derniers déclarent que seule l'inscription peut assurer la discipline (le présent nous prouve le contraire), que l'emploi de marins étrangers, parlant une langue qui n'est pas la nôtre, est peu pratique (les Anglais naviguent avec des Indous, des noirs, etc.), qu'il faut une justice pour régler les conflits (le gouvernement y a pensé avec son tribunal arbitral et sa commission mixte), qu'il est nécessaire pour le navigateur d'avoir le goût de la mer. A cela, je répondrai que jamais une loi n'a inspiré une vocation.

On retrouve une partie de ces arguments dans les objections soulevées par le corps d'officiers. Tous se prononcent contre la suppression de l'inscription, mais il y a de singulières divergences quant aux façons d'envisager les résultats de cette mesure.

Les uns, les capitaines au long-cours, les caboteurs, estiment que le recrutement de l'armée de mer serait impossible, l'inscription supprimée, ou que les hommes affectés manqueraient d'expérience. Cependant, on sait qu'il y a pléthore d'inscrits pour la marine de guerre.

Les mécaniciens, par contre, pensent, qu'en ce qui les concerne, le recrutement ne serait pas entravé. Sortant des écoles d'arts et métiers, ils entrent au service de la navigation marchande. De là, ils passent sur les navires de la flotte, où ils sont affectés à leur spécialité. Il en serait de même après la suppression de l'inscription. Le Président du Syndicat bordelais des officiers mécaniciens n'est, toutefois, pas de cet avis.

Pour les chauffeurs, un certain nombre d'officiers des machines jugent que leur recrutement serait insuffisant pour l'État.

« Les Compagnies, disent-ils, feraient souvent

appel à des travailleurs étrangers pour les bateaux. L'État n'aurait donc plus assez de personnel pour sa flotte armée. Il devrait s'adresser à des chauffeurs de l'industrie. Ceux-ci n'auraient pas la compétence et l'habitude nécessaires pour le maniement des machines de navires, ne seraient pas entraînés à la mer, enfin ne seraient pas habitués à l'atmosphère des chambres de chauffe. »

En ce qui concerne le personnel de la marine de commerce, le corps d'officiers objecte : 1° Que le recrutement serait fort difficile; n'ayant pas la perspective de la demi-solde, les navigateurs préféreraient, à un certain moment, passer dans l'industrie de terre, où la fatigue est moindre (les officiers sont nettement opposés à l'emploi de marins étrangers); on n'est pas marin par goût en France, et c'est une erreur de parler d'hérédité en cette matière; 2° la discipline n'existerait plus. Sans doute la loi de 1852 est peu appliquée, mais elle demeure comme une épée de Damoclès suspendue sur les têtes des inscrits. On ne change pas, hélas! la mentalité des hommes. (On pourrait, à cet égard, répondrons-nous, donner, comme en Australie, aux Syndicats la personnalité civile, et ils garantiraient

les engagements écrits pris par leurs adhérents);
3° le capitaine, comme les hommes, deviendrait un
simple employé. Il ne saurait, dans cette alternative,
conserver la lourde responsabilité qui lui incombe;
4° l'armement n'aurait plus les garanties d'expérience que lui fournit l'inscrit, le métier de marin
devant normalement disparaître; 5° des conflits
permanents et graves surgiraient entre les anciens
inscrits dépossédés et les nouveaux engagés; 6° si
l'on embarquait des étrangers, ceux-ci, partout orga-
nisés, auraient aussi des exigences. En cas de difficultés, ils réclameraient à leurs consuls; d'où pour
les armateurs, des ennuis sans nombre; 7° nous
n'aurions que la « racaille », la lie des écumeurs
de mer; 8° la suppression de l'inscription ne rédui-
rait pas les lourdes charges imposées aux navires
français à l'étranger, en Angleterre par exemple,
et la suppression du monopole de pavillon, con-
séquence fatale de la disparition de l'inscription,
permettrait aux étrangers de prendre notre place
dans le cabotage; 9° il faudra créer des écoles d'ap-
prentis marins, comme en Allemagne, d'où une dépense nouvelle pour l'armement; 10° le droit de grève
subsistera toujours, avec ses dangers et ses ruines.

J'ajouterai que les officiers mécaniciens, qui ont réponse à tout, se sont élevés vivement contre la croyance que l'inscription donne des privilèges à l'inscrit. « Il paye sa demi-solde, disent-ils, cette pension qui n'est que la juste rémunération de sa servitude, ce n'est donc pas un avantage. Quant au monopole de l'inscription, ce n'est qu'un mot, chacun, même taré, ne jouissant pas de ses droits civils, pouvant se faire inscrire, et l'inscrit devant un service militaire double du terrien. »

Ce sont, pourtant, ces avantages qui attachent les inscrits à la vieille institution.

Un dirigeant du syndicalisme, qui a le courage de ses opinions, ne nous disait-il pas : « La raison la plus sérieuse, la seule valable de notre opposition à la suppression de l'inscription est que nous perdrions la Caisse de Prévoyance et la Caisse des Invalides, et tous les avantages acquis. »

Cependant, les inscrits font valoir d'autres motifs en faveur du *statu quo*. Ils se rapprochent de ceux allégués par leurs officiers.

Tout d'abord, les inscrits estiment que le recrutement de la flotte armée serait impossible. « On serait mal venu d'exprimer une opinion contraire, alors qu'à l'étranger on tend à venir au régime colbertien. » On me faisait remarquer, sur ce chapitre, que c'est à tort qu'on regarde comme mal assuré aujourd'hui le recrutement des spécialités. « Les statistiques publiées sont erronées à la base. Les hommes appelés sont notés en dépit du bon sens. On inscrit comme mécanicien un gabier, comme gabier un soutier. Quel fonds voulez-vous faire sur de pareils documents? » De même, les hommes sont plus instruits que ne le prétend l'amiral Bienaimé. Ainsi, les soutiers ont fait un apprentissage.

Les inscrits considèrent, en outre, que la marine de commerce est la pépinière de la marine de combat. Elle forme, elle « entraîne » les inscrits. Si l'on recourait, dans le commerce, à des éléments étrangers, cette source serait tarie. « On ne fait pas des marins en un jour. »

La suppression de l'inscription maritime, selon les inscrits, aurait pour effet, également, de rendre difficile l'armement des bateaux, car « jamais nous ne tolérerons que les étrangers nous prennent le pain à la bouche, devrions-nous faire la révolution. » La France ne fournirait pas assez de navigateurs. Elle diffère, en principe, de l'insulaire Angleterre: chez nous, on a l'appréhension de la mer, et si l'on va à elle, c'est « qu'on a sucé à la mamelle le lait du marin ». D'ailleurs, « la marine doit demeurer aux marins ». On ne saurait admettre sur un bateau des ouvriers terriens. Ceux-ci, de plus, n'accepteraient pas les salaires « dérisoires » dont se contentent les inscrits. On compte, enfin, chez les inscrits, que la suppression demandée éloignerait le public de notre navigation, parce que les garanties offertes ne seraient plus sérieuses.

« Aussi, bien que les administrateurs de l'inscription, créés par M. Pelletan, n'aient fait que changer d'étiquette et conservent, sous un nom nouveau, l'esprit autocrate de leurs prédécesseurs — M. Pelletan l'aurait reconnu — bien que la loi de Colbert rende parfois impossible l'application de la législation de 1907, les inscrits sont-ils résolus à déclarer la grève générale plutôt que d'accepter une mesure qu'ils considèrent comme une spoliation de leurs droits. »

IX

La suppression de l'inscription et les pêcheurs.

Presque tous les inscrits syndiqués, appartenant
à la marine marchande, ont attiré mon attention
sur le préjudice qui serait causé aux pêcheurs par
la mesure projetée. Les électeurs, que sont les
marins, ne sont pas à dédaigner pour les navigateurs. Il est bon de s'assurer leur concours. A vrai
dire, il faut reconnaître que le métier de pêcheur
est dur. Il n'enrichit guère son homme et celui-ci
ne vit que pour l'avenir. Or, s'il est possible de
maintenir au navigateur une retraite en affectant
à la Caisse nationale des retraites pour la vieillesse
les versements des armateurs et des intéressés, les
versements des pêcheurs ne sauraient leur constituer « la tranquillité des vieux jours » auxquels
ils peuvent prétendre.

Les pêcheurs sont donc unanimes à protester

contre la suppression de l'inscription, c'est-à-dire, dans leur pensée, de la Caisse des Invalides, et, dans l'idée de quelques-uns, du monopole de la pêche. Tous croient que la navigation littorale et côtière serait délaissée, le jour où la demi-solde aurait vécu.

Le contraire se produirait, paraît-il, sur les étangs littoraux de la Méditerranée. Là, l'administration ne peut réussir à empêcher la fraude. La nuit, les étangs sont envahis par les terriens, qui maraudent avec impunité. La pêche au petit filet est interdite toute l'année. On la pratique, cependant, et l'on détruit le frai, en dépit des gardes-pêche. L'inscription supprimée, les étangs seraient tôt dépeuplés. Or, ils font vivre plusieurs milliers d'inscrits.

Les pêcheurs de nos côtes perdraient aussi le bénéfice des emplacements pour la pose des filets fixes, pour l'élevage des huîtres, des moules, celui du bornage de plaisance. Ce sont des privilèges auxquels ils sont attachés, et pour l'annulation desquels ils devraient recevoir une juste compensation. Eux seuls seraient victimes d'une loi utilitaire, eux seuls méritent qu'on examine leur cas le

jour où la législation colbertienne serait lettre
morte.

La loi de deux ans pour l'armée de mer
et l'arbitrage dans les conflits.

Si l'inscription maritime doit demeurer, d'après
la théorie des matelots, mécaniciens et officiers, il
n'en va pas de là qu'elle ne puisse subir des remaniements, qu'elle ne puisse être améliorée... dans
le sens des inscrits, s'entend.

C'est ainsi qu'un projet de loi a été préparé en
vue de la réduction à deux ans du service sur les
navires de l'État. Ce projet est diversement apprécié par les intéressés. Les uns l'adopteraient, même
avec la suppression de la demi-solde — ils sont une
forte minorité — ; les autres ne veulent entendre
parler à aucun prix de la disparition de la Caisse,
mais accepteraient les conceptions du Parlement, si
les avantages actuels étaient maintenus; quelques-
uns se rallient à un service de trois ans; les grands
chefs du mouvement, Rivelli en tête, repoussent
le projet, parce que : 1° il fait litière des principes
d'égalité, en obligeant « les jeunes marins reconnus

aptes au service armé à opter immédiatement soit pour le service de deux ans, soit pour un engagement volontaire (art. 26) ; 2° les concessions littorales ne seront plus accordées qu'aux marins ayant accompli au moins cinq ans de service (art. 73) ; 3° la retraite sera avancée à quarante-cinq ans pour ceux ayant rempli leurs devoirs militaires pendant cinq ans (art. 76) ; 4° les Compagnies de navigation subventionnées devront réserver aux engagés de cinq ans les trois quarts des emplois (art. 80), etc.

Il en est, enfin, qui voient dans la réduction des mois de service militaire un prélude à la suppression de l'inscription maritime. Ceux-là répondraient à un vote favorable du Parlement par des actes révolutionnaires.

Une réforme de l'inscription demandée par tous les inscrits consiste dans la suppression des tribunaux « d'exception ». La navigation dépend d'un tribunal maritime, composé de l'administrateur de la marine, officier de police seul qualifié pour convoquer les juges, un armateur membre de la Chambre de commerce et désigné par le président du tribunal de commerce, l'officier de port, un capitaine au long-cours en non-activité, rapporteur, et le plus âgé soit des maîtres au cabotage, soit des officiers mécaniciens.

Les inscrits affirment que les marins sont « condamnés d'avance ». Ils revendiquent donc l'institution de prud'hommes maritimes, chargés de juger litiges et infractions à la loi. Ils ont déjà obtenu une demi satisfaction avec la création de la Commission mixte imaginée par M. Chéron, composée de six délégués des armateurs et six des inscrits, et qui siège tous les trois mois au ministère de la rue Royale. Les officiers sont peu satisfaits de cette organisation, dont ont été éliminés capitaines et mécaniciens. Il y a là une lacune évidente, et l'animosité du corps des officiers est justifiée. Sur les six inscrits, devraient figurer les représentants du commandement, pont et machines.

En fait, la Commission mixte semble devoir rendre inutile la Commission supérieure, établie par la loi de 1907.

La même erreur a présidé à la rédaction d'un avant-projet, que j'ai pu lire, concernant la création d'un Conseil ou tribunal permanent d'arbitrage. Cette étude fourmille en dispositions fantaisistes, comme celles relatives au vote pour l'élection des juges. Mais plus spécialement elle est fautive en éliminant du tribunal des éléments qui y doivent prendre place. Ainsi, le tribunal doit comporter quatre représentants des employeurs, trois appartenant à la marine marchande et un à la pêche, et quatre représentants des employés : un élu par les officiers du bord, deux choisis par le personnel, pont et service général, un délégué par le personnel machines.

On n'a fait aucune place aux officiers mécaniciens qui ne représenteront jamais le groupe officiers, étant moins nombreux que les longs-courriers, et jamais le personnel-machines, parce que officiers, donc pas prolétaires.

Les inscrits ont la plus absolue confiance dans la Commission mixte : les armateurs sont perplexes. Il est à craindre que pas plus la Commission que le tribunal arbitral ne clôront l'ère des difficultés.

Quelques remèdes préconisés pour améliorer la situation.

« Le ministre nous a donné toutes garanties que jamais l'inscription ne serait supprimée », m'a dit un chef de Syndicat. Cependant, les syndicalistes prennent toutes dispositions pour le cas où le gouvernement leur manquerait de parole.

Il ne semble pas, malheureusement, qu'il en doive être ainsi. Aussi ai-je cru devoir demander aux adversaires de la suppression quels moyens ils préconisaient pour améliorer la situation.

Il n'y en a qu'un selon un groupe d'officiers de pont : prendre les inscrits par l'intérêt. A cet égard, trois méthodes paraissent pouvoir être utilisées : 1° intéresser les inscrits aux bénéfices. Ce système est battu en brèche par d'autres officiers et les armateurs. Les premiers arguent qu'il serait équitable, si l'on adopte ce système, de faire participer le personnel aux pertes. Alors, la coopérative se substituerait en fait à l'armement actuel. C'est une chimère.

Les armateurs ajoutent que ce moyen a été tenté, sans succès. La maison Bordes a dû y renoncer après expérience. La Compagnie des Messageries Maritimes avait intéressé ses « caliers », en raison des vols pratiqués dans les cales, et du peu de soin pris par eux des bagages. Elle a dû abandonner cette méthode.

2° Les officiers de pont ont pensé aussi à la garantie-prime. Les armateurs retiendraient chaque mois à leur personnel une petite somme, qu'ils doubleraient et placeraient dans une caisse désignée — en dehors de l'État. — En cas de rupture d'engagements, les fonds seront acquis au contractant demeuré dans la légalité. Si cette mesure n'avait pas eu lieu d'être appliquée, les fonds, au bout d'un temps déterminé, deviendraient la propriété des inscrits, dont on reconnaîtrait de la sorte les bons services.

Cette combinaison semble à tous inapplicable : les inscrits, surtout à Marseille, changent fréquemment non seulement de bateau, mais de Compagnie. Il serait difficile d'opérer pour les retenues. Une paperasserie fantastique serait nécessaire, qui absorberait les dépôts. Que ferait-on de l'argent des décédés ? Qui jugerait les conflits ? Autant de problèmes d'une solution ardue. Les armateurs marseillais ont pu opérer d'une façon analogue vis-à-vis des dockers, des commissionnés. Le cas n'était pas le même, et les dockers n'étaient pas les « esclaves d'un Syndicat ».

3° On préconise, enfin, la formation d'un

« noyau » de marins, choisis, parmi les bonnes
têtes, par les capitaines, et dont la solde serait
permanente et croîtrait avec les années de services.
Pour les officiers, ce système, admis de longue
date, existe. Pour les hommes, il est à étudier.
Nombre d'armateurs n'y sont point opposés, quoi-
que les changements des capitaines rendent la
sélection peu pratique. On pourrait engager un
personnel à l'année, avec minimum de salaires,
qui serait complété par l'adjonction d'auxiliaires,
lesquels auraient intérêt à montrer de la bonne
volonté afin d'être titularisés. Les Syndicats, qui
n'auraient plus autant d'action, font échec à cette
méthode.

Pour mettre fin à la crise financière de l'armement, les officiers parlent d'attribuer les primes
non au parcours, mais au fret.

Ce procédé ne paraît pas acceptable. D'abord, les
petits armateurs seraient peu favorisés, et « il est
bon qu'on n'oublie pas les faibles ». Le mot est
d'un administrateur d'une très grande Compagnie.
Et il n'y aurait pas amélioration sensible pour les
gros armateurs. On encouragerait ainsi une concurrence désastreuse. Certains accepteraient du fret

à perte, avec l'espoir de se récupérer sur la prime.

Le fait existe déjà en petit; certains agents de Compagnies, à l'insu de leurs chefs, font des ristournes sur leur commission, afin d'enlever des affaires.

Je ne pouvais terminer cette longue étude sans demander à l'armement s'il n'entrevoyait pas quelques moyens propres à éclaicir un horizon toujours plus embrumé, quelques moyens susceptibles, à défaut de la suppression de l'inscription, d'atténuer la crise présente.

« Nous n'avons pas la prétention d'obtenir la dissolution des Syndicats d'inscrits, bien que leur existence soit légalement discutable, nous répondait un armateur; mais puisque nous devons compter avec eux, ainsi le veut l'administration, il serait indispensable de leur donner la responsabilité financière. Nous ne nous trouverions plus en présence d'individualités insaisissables, et les contrats que nous signons deviendraient effectivement bilatéraux. Cette mesure rétablirait un équilibre qui a été rompu. » Les Bourses du Travail cesseraient d'être des foyers de discorde, des « agences de conflits » pour devenir des « organismes de paix ».

Cette appréciation est d'un syndicaliste. Elle est caractéristique.

Il serait profitable aussi, puisque la marine marchande n'a plus rien de « militaire », de la rattacher au ministère du commerce, qui connaît mieux les nécessités du négoce que le ministère de la rue Royale.

Il faut encore être pratique : si l'on veut voir soulager l'armement des charges qui l'écrasent, il serait bon de reprendre le raisonnement jadis fait par les dirigeants des transports maritimes, en particulier en 1906, et répéter au Parlement : « Si vous ne pouvez enlever les charges qui grèvent l'armement, compensez-les; proportionnez vos encouragements aux charges nouvelles. Étudiez les protections directes et indirectes que les autres nations donnent à leur marine, chiffrez nos sujétions, nos obligations et vous dégagerez de la comparaison ce qu'il faut accorder à notre navigation pour qu'elle puisse raisonnablement soutenir une lutte actuellement inégale. »

Dans le même sens, il faut surtaxer les navires étrangers qui nous font une concurrence légitime, mais onéreuse, et enfin appliquer la loi de 1852.

Celle-ci a besoin d'être remise à jour. Elle répond, toutefois, à une nécessité. Il est du devoir des pouvoirs publics de la respecter dans son essence. « Il n'y a rien d'aussi mauvais qu'une disposition légale coercitive qui n'est pas sanctionnée. »

Pour les voiliers, réservons-leur les encouragements qui leur sont si précieux; pour la grande pêche, ne lui imposons plus des taxes de visites trop lourdes, et ne lui demandons plus, pour ces visites, qu'un forfait raisonnable. Revoyons, en toute sincérité, la loi de 1907. Des inscrits notoires m'ont affirmé « que le lassement allait se produire, que l'agitation des marins était à son déclin ». Les réformes demandées gagneront à être examinées et appliquées dans le calme espéré. Et l'armement pourra attendre — mais ainsi seulement — la suppression de l'inscription maritime, qui est fatale, prévue par tous, dernier vestige d'un régime aboli et d'un concept anti-démocratique. « Ce n'est qu'une question de temps », nous confiait un éminent syndicaliste. Et sa parole avait l'air d'une prophétie.

APPENDICE

―――――

Les congrès de Bordeaux (octobre 1909).

Postérieurement à notre enquête, les inscrits se
sont réunis à Bordeaux. Le compte rendu de leurs
travaux constitue le complément tout indiqué de
notre étude. Nous croyons donc devoir annexer à
notre ouvrage l'article que nous avons rédigé sur
ces assises.

Le Congrès que les amis de Rivelli, les Gautier
et les Daydié de Saint-Nazaire, les Michel du
Havre, les Decoulter et les Fradet de Dunkerque,
les Buscaillet et les Jaurréguy de Bordeaux, les
Nicoulleau de Nantes, sans compter les meneurs
de la cité phocéenne, les Lassalle et les Dapélo,
le Congrès que tous ces adhérents des théories
dissolvantes de la rue Grange-aux-Belles viennent

de tenir à la Bourse du Travail de Bordeaux, marque enfin la révolution effective à laquelle visait, depuis quelques années, le syndicalisme maritime intransigeant. Tandis qu'à l'Athénée municipal les éléments sains du prolétariat de la mer tendaient à l'amélioration raisonnée du sort des marins et navigateurs, le Congrès de la Bourse du Travail a pris des résolutions extrêmes, dont l'application mettrait les armateurs dans l'obligation ou d'abandonner leur industrie, ou de transférer leurs flottes sous un autre pavillon.

Les agitateurs collectivistes, tout d'abord, ont pris soin d'associer à leur cause les travailleurs des quais. « Il est absolument nécessaire, disait le rapport du citoyen Réaud, que la fusion entre inscrits et dockers soit matérielle, afin que les deux corporations puissent se soutenir mutuellement en toutes circonstances. » Les dockers ont accepté cette manière de voir par la bouche des délégués de la corporation à Bordeaux. Rivelli a donc, avec une adresse singulière, placé sous sa haute direction tous les éléments nécessaires pour la réalisation de ses desseins.

Alors qu'on gémit, justement, dans les milieux

de l'armement sur la généralisation abusive de nos législations contemporaines, le Congrès, qui ne tient aucun compte, par principe, des besoins et des conditions du travail dans les divers centres de navigation, le Congrès prépare l'unification des salaires pour tous les équipages des navires de commerce français. Dans cette intention, il a confié aux secrétaires des sections fédérales la mission de dresser des tableaux de soldes de toutes les spécialités du personnel subalterne. Le bureau fédéral examinera ces répertoires, et établira le barème qu'il entend imposer. Il demeure bien entendu que « l'unification sera réalisée le plus tôt possible. »

Les révolutionnaires de la marine ne comptent pas seulement faire adopter un relèvement des soldes, ils sont parfaitement résolus à revendiquer l'engagement permanent. Il ne faut pas, en effet, se le dissimuler, tel est leur objectif final lorsqu'ils protestent contre les désarmements pour les navires restant moins de trente jours dans un port. Ils voilent, il est vrai, leur pensée en assurant que cette pratique « a des répercussions très préjudiciables aux navigateurs qui n'obtiennent plus que très difficilement leurs droits à la pension. » Mais, sous cet argument fallacieux, ils cachent leur jeu. La solde mensuelle allouée à certains dockers de Marseille leur fait envie, car elle leur permettrait de gagner leur vie tout en réduisant leur travail, à l'instar de nombreux ouvriers du bâtiment, dont le rendement pour des salaires bien supérieurs, a diminué de 40 à 50 p. 100 depuis vingt-cinq ans. Le Congrès a prié le gouvernement d'imposer l'obligation du non-désarmement dans les cahiers des charges des Compagnies subventionnées. Si le gouvernement accède à ce *desideratum*, nous verrons quelque jour une grève éclater pour que l'armement non subventionné généralise cette pratique.

Il n'est aucune mesure du présent qui satisfasse les amis de M. Rivelli. Ils accusent les patrons de vouloir les égarer sur leur dû. On ne peut juger autrement, en effet, l'article qu'ils ont voté, concluant à la délivrance obligatoire par le capitaine, vingt-quatre heures avant la paye, d'une feuille spéciale mentionnant les détails de leurs salaires. Les inscrits, à n'en pas douter, se proposent d'étayer sur ce document des réclamations à perte de vue, et, au besoin, des mouvements d'agitation ou des actes d'indiscipline.

Le projet Millerand sur l'autonomie des ports tombe sous le coup de leurs amères critiques. « Ce texte ne tient aucun compte, dit Réaud, de la collaboration primordiale et indispensable des marins et dockers pour la prospérité du commerce national. » Pauvre commerce national, comme les inscrits ont donc à cœur de le relever! Le ministre a commis à l'égard des inscrits « un oubli coupable ». Il n'a prévu au Comité exécutif du port qu'un seul ouvrier ou marin. Le Congrès, qui veut des places partout, « réclame impérieusement la désignation, dans ce Comité, de l'élément ouvrier dans les mêmes proportions que l'élément patronal. » Si l'on ne fait droit à cet *ultimatum*, « le Congrès fera l'agitation nécessaire dans tous les ports pour que ce désir légitime soit réalisé. » C'est, d'ailleurs, sur ce mode impératif que les amis de Rivelli ont exprimé leurs tendances et leurs sollicitations. M. Millerand est prévenu. S'il résiste, le commerce et la navigation paieront les pots cassés.

Il va sans dire que les délégués ouvriers seront

désignés par les syndicats, seuls qualifiés, aujour-
d'hui, pour nommer des fonctionnaires.

Défense est faite également au gouvernement
d'accorder des licences de pilotes aux capitaines,
cette mesure tendant à supprimer la corporation
des pilotes-lamaneurs.

Le Congrès a décidé de séparer les cuisines
des équipages de celles opérant pour la nourriture
des passagers. Les hommes pourront voir la façon
dont s'effectuent les distributions des vivres auxquelles ils ont droit « et dont ils disposeront alors
à leur gré ».

Les congressistes, après avoir réglementé à leur
convenance, ont crû devoir s'ériger en Parlement
maritime, et reviser la fameuse loi du 17 avril 1907,
et les deux règlements d'administration publique
qui lui font cortège, et l'obscurcissent encore davantage.

« L'article 24 ne vaut rien », disent les compa-
gnons de Rivelli, ou plutôt il est excellent, mais
il faut l'entendre dans un seul sens, celui-ci : « un
homme en mer doit 12 heures, dans un port 10.
C'est bien simple. Au-dessus de 12 ou de 10 heures,
le travail doit être payé supplémentairement. Il

est inadmissible que l'on puisse se baser sur une période de 48 heures pour établir la feuille de paye. » Si donc un marin fait 5 heures un jour, 14 le lendemain, en tout 19 (au lieu des 20, 22 ou 24 exigibles) pour deux jours, l'armement devra payer 12 heures + 14 = 26 heures, alors qu'effectivement il n'y eut que 19 heures employées. C'est de l'arithmétique confédérale, mais à laquelle les armateurs ne pourront souscrire.

En cette matière de la réglementation du travail, le gouvernement et les pouvoirs publics donnent un détestable exemple, de l'avis des révolutionnaires. « Leur mauvaise volonté est évidente. » Les navires des ponts et chaussées sont soustraits aux effets de la loi. Le Congrès ne saurait tolérer cette manière de procéder.

Le Congrès a réclamé, aussi, le repos hebdomadaire, pour le personnel des machines, pris en dehors des heures de repos prévues par l'article 25 de la loi du 17 avril 1907; le paiement en cas de désarmement des journées de repos compensateur au taux du trentième de la solde portée au rôle d'équipage, plus l'indemnité journalière de la nourriture. Ces deux revendications peuvent être discutées dans un esprit de conciliation; il n'en est pas de même, toutefois, des exigences suivantes : « 1° l'heure de nettoyage imposée aux hommes de la machine par l'article 25 de la loi du 17 avril 1907 est inutile et dangereuse et doit être supprimée; 2° l'équipage devrait être dispensé de la garde du navire la nuit (article 27). » Concluez : il a fallu instituer des soutiers, des alimenteurs, des graisseurs. Désormais, on donnera aux chauffeurs des domestiques pour le nettoyage. Une jolie scène pour les revues de nos concerts des ports de commerce! Aux matelots de pont, qui ne font presque rien, seront adjoints des factotums pour la garde de nuit. Bientôt, chaque inscrit aura autour de lui tout un état-major d'auxiliaires.

Les agents du service général, maîtres d'hôtel, cuisiniers, garçons de cabine, coqs, bouchers, boulangers, qui se plaignent de surmenage, ont fait décider : « le gouvernement rappellera aux armateurs que ces agents ne doivent que 12 heures en mer, 8 dans les ports. » Le cuisinier lâchera son fourneau à l'heure du dîner, sous prétexte qu'il a accompli son service réglementaire, et qu'il a besoin de repos; le boulanger laissera brûler son pain pour les mêmes motifs, à moins que ce ne soit le pâtissier. Cependant ces hommes « surmenés », ayant les jambes lasses et les bras endoloris, admettent une petite combinaison qui leur rendrait toute vaillance. Ils seraient complètement reposés si on leur payait en supplément les services qu'on exige d'eux après 12 ou 8 heures de travail.

Passons à la sécurité des navires et à l'hygiène du bord. La loi du 17 avril ne l'assure pas « efficacement » parce qu'elle ne prévoit pas, en certains cas, les mesures à prendre pour la réalisation de son objet. Il faut donc que l'inspecteur de la navigation constate avec soin, toutes les fois qu'un bateau prend la mer, si tout a été exécuté pour la sécurité de tous. Comme ce fonctionnaire est un ancien officier, donc suspect, « il est nécessaire qu'un seul homme de l'équipage puisse, par une plainte à l'Inscription maritime, empêcher le départ du navire ». On peut dire que si le Ministre faisait droit à ce vœu, pas un bateau ne quitterait désormais le littoral. Une mauvaise tête mettrait toujours obstacle à son voyage.

Pour le service des petites chaudières, le Congrès a demandé que trois hommes leur fussent affectés dans les ports, chacun faisant 24 heures à bord et 48 à terre. En mer, lorsque l'on ne pourra employer des chauffeurs chargés spécialement de l'alimentation, les hommes chargés de services en dehors de la chauffe ordinaire seront payés en supplément. Il est heureux que Rivelli n'ait pas exigé la présence d' « alimenteurs » sur les chalutiers, comme sur les paquebots. Il faut lui savoir gré de s'être arrêté là.

Continuant son œuvre législative, le Congrès s'est attaqué à la loi du 14 juillet 1908 sur la demi-solde. Rivelli a prononcé, à cette occasion, un vigoureux réquisitoire contre les travaux parlementaires. Le Congrès, naturellement, a revendiqué une augmentation de pension pour certaines catégories d'inscrits, et remanié la plupart des articles de la loi. La réglementation de la Caisse de prévoyance n'a pas été oubliée par le Parlement de Bordeaux. La classification des blessures et accidents, élaborée par le Ministère de la rue Royale, « prête à rire, il faut la modifier ».

L'article 262 du Code de Commerce seul paraît intangible aux Congressistes. Il dispose que les frais d'hospitalisation des marins et les salaires des malades seront à la charge de l'armement. Un projet de loi prévoit que cette charge pourrait être transférée à la Caisse de prévoyance: le Congrès opposa son *velo* à cette prétention.

Mais si l'article 262 du Code de Commerce doit imposer le respect, il n'en va pas que le décret-loi du 21 mars 1852 doive imposer désormais la discipline. « Il met les inscrits sous un régime d'exception ». Bien plus, « il fait du navire un bagne flottant, où les marins sont traités en forçats, malmenés, opprimés, surmenés, décimés. Ses prescriptions sont odieuses, iniques et scélérates. Elles donnent au capitaine un pouvoir arbitraire et sans contrôle ». Ce décret, dit Rivelli, est « horrible ». Aussi l'assemblée, dont il dirigeait les délibérations, a-t-elle donné mandat *impératif* à tous les bureaux des syndicats fédérés de s'opposer « par n'importe quel moyen » à la réunion des tribunaux commerciaux maritimes, « dont la composition peut être comparée à celui qui a condamné le martyr de la pensée libre, Ferrer ».

La refonte du décret-loi de 1852 doit être l'œuvre non du Parlement, rejeté par les amis de Rivelli comme incapable, mais d'un Conseil supérieur de la Navigation, élargi, reconstitué, comptant dans son sein de nombreux représentants des inscrits, ces derniers devant être nommés par la seule autorité désormais reconnue, la Fédération Nationale des Inscrits maritimes, pivot de la marine nationale. Celle-ci, d'ailleurs, désire posséder le contrôle des délibérations de ce Conseil suprême, et réclame, à cet effet, « que les procès-verbaux des séances soient remis à ses délégués, à chaque session ». Richelieu n'admettait pas qu'il y eût un État dans l'État. Rivelli n'admet pas qu'une autorité puisse surpasser la sienne. Il déclarait naguère qu'il était au-dessus des lois, qu'il se moquait de tous, même des chefs qui détiennent le pouvoir. Cette façon d'envisager les choses procède des vues de la Confédération Générale du Travail, qui estime « que la loi doit être ce que les ouvriers la jugent devoir être ».

Dans ces conditions, le Congrès de Bordeaux a dû repousser les clauses du règlement d'administration publique, lequel fait suite à la loi du 22 juillet 1909, et institue un Conseil permanent d'arbitrage. Le rapporteur n'a pas ménagé aux

Parlementaires ses critiques : « le projet méconnaît, écrivait-il, les organisations ouvrières qui renferment dans leur sein les principaux intéressés. De plus, considérant que l'arbitrage obligatoire a pour objet d'annihiler leur droit de grève, les inscrits sont opposés, par principe, à tout arbitrage obligatoire ». L'obligation, un mot pour les inscrits. Tandis que s'il s'agit des armateurs, il n'est point de châtiment trop sévère pour eux, s'ils tentent de s'affranchir des exigences d'une réglementation qui les tyrannise.

Les Congressistes ayant ainsi tout désorganisé, firent appel au concours du citoyen Marck, un récidiviste de la Révolution, qui vint, tout exprès, de Paris leur apporter la bonne parole, et les cordiales félicitations de la C. G. T. Les amis de Rivelli, au cours d'un déjeuner amical, purent se réjouir de la besogne accomplie, émettre l'espoir que des nouvelles et prochaines victoires s'ajouteraient aux victoires passées, s'assurer mutuellement « que, l'heure venue, chacun serait à son poste de combat bien décidé à tout faire pour briser la résistance de toutes les mauvaises volontés conscientes ».

(Vie maritime, 10 novembre 1909.)

9